에우튀프론

정암고전총서 플라톤 전집

에우튀프론

플라톤

강성훈 옮김

아카넷

정암고전총서는 윤독의 과정을 거쳐 책을 펴냅니다.
아래의 정암학당 연구원들이 『에우튀프론』 원고를 함께 읽고
번역에 도움을 주셨습니다.
김인곤, 김주일, 이기백, 정준영

'정암고전총서'를 펴내며

 그리스 로마 고전은 서양 지성사의 뿌리이며 지혜의 보고이다. 그러나 이를 한국어로 직접 읽고 검토할 수 있는 원전 번역은 여전히 드물다. 이런 탓에 우리는 서양 사람들의 해석을 수동적으로 수용하는 처지를 완전히 극복하지 못하고 있다. 사상의 수입은 있지만 우리 자신의 사유는 결여된 불균형의 문제를 안고 있는 것이다. 이런 상황은 우리의 삶과 현실을 서양의 문화유산과 연관 지어 사색하고자 할 때 특히 심각한 문제를 야기한다. 우리 자신이 부닥친 문제를 자기 사유 없이 남의 사유를 통해 이해하거나 해결하는 것은 거의 불가능하기 때문이다. 우리의 문제에 대한 인문학적 대안들이 때로는 현실을 적확하게 꼬집지 못하는 공허한 메아리로 들리는 것도 그런 이유 때문일 것이다.
 한 공동체에서 살아가는 사람들이 자신들의 생각과 말을 나누며 함께 고민하는 문제와 만날 때 인문학은 진정한 울림이 있는 메아리가 될 수 있다. 이것은 우리가 우리의 현실을 함께 고민하는 문제의식을 공유함으로써 가능하겠지만, 그조차도 함께 사유할 수 있는 텍스트가 없다면 요원한 일일 것이다. 사유를 공유할 텍스트가 없을 때는 앎과 말과 함이 분열될 위험에 노출될 수 있기 때문이다. 이런 점에서 진정한 인문학적 탐색은 삶의 현실이라는 텍스트, 그리고 생각을 나눌 수 있는 문헌 텍스트와 만나는 이중의 노력에 의해 가능할 것이다.

현재 한국의 인문학적 상황은 기묘한 이중성을 보이고 있다. 대학 강단의 인문학은 시들어 가고 있는 반면 대중 사회의 인문학은 뜨거운 열풍이 불어 마치 중흥기를 맞이한 듯하다. 그러나 현재의 대중 인문학은 비판적으로 사유하는 인문학이 되지 못하고 자신의 삶을 합리화하는 도구로 전락하는 경향이 없지 않다. 사유 없는 인문학은 대중의 욕망을 충족시키기 위해 소비되는 상품에 지나지 않는다. '정암고전총서' 기획은 이와 같은 한계상황을 극복할 수 있는 기본적인 토대를 마련하고자 하는 절실한 문제의식에서 시작되었다.

정암학당은 철학과 문학을 아우르는 서양 고전 문헌의 연구와 번역을 목표로 2000년 임의 학술 단체로 출범하였다. 그리고 그 첫 열매로 서양 고전 철학의 시원이라 할 『소크라테스 이전 철학자들의 단편 선집』을 2005년도에 펴냈다. 2008년에는 비영리 공익법인의 자격을 갖는 공적인 학술 단체의 면모를 갖추고 플라톤 원전 번역을 완결할 목표 아래 지금까지 20여 종에 이르는 플라톤 번역서를 내놓고 있다. 이제 '플라톤 전집' 완간을 눈앞에 두고 있는 시점에 정암학당은 지금까지의 시행착오를 밑거름 삼아 그리스·로마의 문사철 고전 문헌을 한국어로 옮기는 고전 번역 운동을 본격적으로 펼치려 한다.

정암학당의 번역 작업은 철저한 연구에 기반한 번역이 되도록 하기 위해 처음부터 공동 독회와 토론을 통해 이루어진다. 번역 초고를 여러 번에 걸쳐 교열·비평하는 공동 독회 세미나를 수행하여 이를 기초로 옮긴이가 최종 수정하는 방식으로 진행된다.

이같이 공동 독회를 통해 번역서를 출간하는 방식은 서양에서도 유래를 찾기 어려운 번역 시스템이다. 공동 독회를 통한 번역은 매우 더디고 고통스러운 작업이지만, 우리는 이 같은 체계적인 비평의 과정을 거칠 때 믿고 읽을 수 있는 텍스트가 탄생할 수 있다고 확신한다. 이런 번역 시스템 때문에 모든 '정암고전총서'에는 공동 윤독자를 병기하기로 한다. 그러나 윤독자들의 비판을 수용할지 여부는 결국 옮긴이가 결정한다는 점에서 번역의 최종 책임은 어디까지나 옮긴이에게 있다. 따라서 공동 윤독에 의한 비판의 과정을 거치되 옮긴이들의 창조적 연구 역량이 자유롭게 발휘될 수 있도록 노력하였다.

정암학당은 앞으로 세부 전공 연구자들이 각각의 연구팀을 이루어 연구와 번역을 병행함으로써 아리스토텔레스 철학 원전, 키케로 전집, 헬레니즘 선집 등의 번역본을 출간할 계획이다. 그리고 이렇게 출간될 번역본에 대한 대중 강연을 마련하여 시민들과 함께 호흡할 수 있는 장을 열어 나갈 것이다. 공익법인인 정암학당은 전적으로 회원들의 후원으로 유지된다는 점에서 '정암고전총서'는 연구자들의 의지뿐만 아니라 시민들의 소중한 뜻이 모여 세상 밖에 나올 수 있는 셈이다. 이런 점에서 '정암고전총서'가 일종의 고전 번역 운동으로 자리매김되길 기대한다.

'정암고전총서'를 시작하는 이 시점에 두려운 마음이 없지 않으나, 이런 노력이 서양 고전 연구의 디딤돌이 될 것이라는 희망, 그리고 새로운 독자들과 만나 새로운 사유의 향연이 펼쳐질 수 있으리라는 기대감 또한 적지 않다. 어려운 출판 여건에도 '정암고전총서' 출간의 큰 결단을 내린 아카넷 김정호 대표에게 경의와 감사의 뜻을 전한다. 끝으로 정암학당의 기틀을 마련했을 뿐만 아니라 앎과 실천이 일치된 삶의 본을 보여 주신 이정호 선생님께 존경의 마음을 표한다. 그 큰 뜻이 이어질 수 있도록 앞으로도 치열한 연구와 좋은 번역을 내놓는 노력을 다할 것이다.

2018년 11월
정암학당 연구자 일동

'정암학당 플라톤 전집'을 새롭게 펴내며

플라톤의 사상과 철학은 서양 사상의 뿌리이자 서양 문화가 이루어 온 지적 성취들의 모태가 되었다는 점에서 큰 의미를 지니고 있다. 특히 그의 작품들 대부분은 풍성하고도 심오한 철학적 문제의식을 담고 있을 뿐만 아니라 생동감 넘치는 대화 형식으로 쓰여 있어서, 오늘날까지 많은 사람이 최고의 철학 고전이자 문학사에 길이 남을 걸작으로 손꼽고 있다. 화이트헤드는 '유럽철학의 전통은 플라톤에 대한 일련의 각주'라고까지 하지 않았던가.

정암학당은 플라톤의 작품 전체를 우리말로 공유할 수 있도록 하자는 취지에서 뜻있는 학자들이 모여 2000년에 문을 열었다. 그 이래로 플라톤의 작품들을 함께 읽고 번역하는 데 매달려 왔다. 정암학당의 연구자들은 애초부터 공동 탐구의 작업 방식을 취해 왔으며, 이에 따라 공동 독회와 토론을 통해 텍스트를 이해하는 노력을 기울여 왔고, 초고를 여러 번에 걸쳐 교열·비평하는 수고 또한 마다하지 않았다. 2007년에 『뤼시스』를 비롯한 3종의 번역서를 낸 이후 지금까지 출간된 정암학당 플라톤 번역서들은 모두 이 같은 작업 방식으로 이루어진 성과물들이다.

정암학당의 이러한 작업 방식 때문에 번역 텍스트를 출간하는 데 출판사 쪽의 애로가 없지 않았다. 그동안 출판을 맡아 준 이제이북스는 어려운 여건에서도 플라톤 전집 출간의 의미를 이해하고 전집 출간 사업에 동참하여 많은 노력을 기울여 주었다. 그 결과 2007년부터 2018년까지 20여 종의 플라톤 전집 번역서가 출간되었다. 그러나 최근 이제이북스의 여러 사정으로 인해 전집 출간을 마무리하기가 어려워졌다. 정암학당은 플라톤 전집 출간을 이제이북스와 완결하지 못하게 된 것에 대해 아쉬움을 표하는 동시에 그동안의 노고에 고마움을 전한다.

정암학당은 이 기회에 플라톤 전집의 번역과 출간 체계를 전반적으로 정비하기로 했고, 이런 취지에서 '정암학당 플라톤 전집'을 '정암고전총서'에 포함시켜 아카넷 출판사를 통해 출간할 것이다. 아카넷은 정암학당이라는 학술 공간의 의미를 이해하고 '정암학당 플라톤 전집' 출간의 가치를 공감해 주었다. 여러 가지 측면에서 많은 어려움이 있었음에도 어려운 결단을 내린 아카넷 출판사에 감사를 표한다.

정암학당은 기존에 출간한 20여 종의 번역 텍스트를 '정암고전총서'에 편입시켜 앞으로 2년 동안 순차적으로 이전 출간할 예정이다. 그러나 이런 작업이 짧은 시간에 추진되었기 때문에 번역자들에게 전면적인 수정을 할 시간적 여유가 주어지지는 않았다. 따라서 아카넷 출판사로 이전 출간하는 플라톤 전집은 일부의 내용을 보완하고 오식을 수정하는 선에서 새로운 판형과 조판으로 출간한다. 이 점에 대해서는 독자들께 양해를 구한다. 정암학당은 출판사를 옮겨 출간하는 작업을 진행하는 동시에, 플라톤 전집 중 남아 있는 텍스트들에 대한 번역본 출간 시기도 앞당길 수 있도록 노력할 것이다. 그리하여 오랜 공동 연구의 결실인 '정암학당 플라톤 전집' 전체를 독자들이 조만간 음미할 수 있도록 최선을 다할 것이다.

끝으로 정암학당의 기반을 마련해 주신 고 정암(鼎巖) 이종건(李鍾健) 선생을 추모하며, 새 출판사에서 플라톤 전집을 완간하는 일에 박차를 가할 것을 다짐한다.

2019년 6월
정암학당 연구자 일동

차례

'정암고전총서'를 펴내며　5

'정암학당 플라톤 전집'을 새롭게 펴내며　9

작품 내용 구분　15

등장인물　17

일러두기　20

본문　23

주석　61

작품 안내　105

참고문헌　161

찾아보기

　우리말-그리스어　169

　그리스어-우리말　174

　고유명사　177

옮긴이의 말　179

작품 내용 구분

1. 소크라테스와 에우튀프론의 만남
   1) 소크라테스의 소송 내용(2a-3e)
   2) 에우튀프론의 소송 내용(3e-4e)
   3) 소크라테스가 에우튀프론에게 경건에 대해 가르쳐 달라고 요구함 (4e-5d)

2. 에우튀프론의 독자적 정의 시도
   1) 첫 번째 정의 : 살인이나 성물 절도 등의 부정의한 행동을 한 사람을 고소하는 것(5d-6d)
   2) 두 번째 정의 : 신들에게 사랑스러운 것(6e-9c)
   3) 세 번째 정의 : 모든 신에게 사랑받는 것(9d-11b)

3. 막간: 에우튀프론의 낙담(11b-e)

4. 소크라테스의 도움을 통한 에우튀프론의 정의 시도
   1) **경건한 것은 정의로운 것의 부분**(11e-12e)
   2) **네 번째 정의**
      (1) 신들에 대한 보살핌(12e-13d)
      (2) 신들에 대한 섬기기 기술(13d-14a)
   3) **다섯 번째 정의**
      (1) 기도와 제사에서 신들에게 흡족한 것을 말하고 행하기(14b-14e)
      (2) 신들과 인간들 사이의 상거래 기술(14e-15a)
      (3) 신들이 인간들에게서 얻는 것(15a-15c)
   4) **파장 : 에우튀프론이 어딘가 급히 가야 한다며 떠남**(15c-16a)

등장인물

소크라테스(Sōkratēs)

소크라테스의 예비 심판 이후 실제 재판이 일어날 때까지 걸린 시간이 특별히 길지 않았다면(상당히 길었다는 주장이 있기는 하지만 별로 설득력은 없어 보인다)『에우튀프론』의 드라마적 배경은 기원전 399년이고, 이때 소크라테스는 70살이었다. 이 대화편에서 소크라테스는, 초기로 추정되는 대화편들에서 보통 그러하듯이, 자신의 주장을 내세우기보다는 상대방인 에우튀프론의 생각을 검토하는 역할을 담당한다. 그리고 결국 대화편은 경건이 무엇인지에 대한 답을 찾지 못하고 끝난다. 하지만 학자들 중에는 이 대화편에서 경건에 대한 소크라테스의 생각을 발견할 수 있다고 생각하는 사람도 적지 않다. 표면적으로 소크라테스가 자신의 입장을 드러내고 있지 않지만, 그의 논박 과정을 잘 좇아가다 보면 그가 경건에 대해 가지고 있는 생각이 무엇인지를 알 수 있다는 것이다. 이와 관련한 논쟁은 현재진행형이며, 판단은 독자의 몫이라고 하겠다.

에우튀프론(Euthyphrōn)

이 대화편에 등장하는 것과 플라톤의『크라튈로스』에서 언급되는 것 외에 에우튀프론에 대해 따로 알려진 바는 없다.『크라튈로스』에서는 소크라테스가 헤르모게네스에게 '제우스', '크로노스', '우라노스' 등의 이름에 대해 기상천외한 어원 설명을 하고 나서, 자신이 아마도 새벽에 에우튀프론의 이야기를 들어서 신령스러운 지혜로부터 영감을 받은 것 같다고 이야기한다(396b-d). 그가 새벽에 에우튀프론의 이야기를 들은 것이 바로『에우튀프론』에 등장하는 대화라는 추정도 있지만, (소크라테스의 아이러니를 고려해도) 『에우튀프론』의 대화를 통해 소크라테스가 그런 종류의 영감을 얻었다고 생각하기는 어렵고, 두 대화편의 대화 배경시기도 잘 맞지는 않는다. 두 대화편의 대화가 같은 날에 이루어진 것이 아니라면, 소크라테스는 예전에도 에우튀프론과 만나서 그에게서 종교적 문제와 관련한 이야기를 들었던 셈이 된다. 『에우튀프론』의 에우튀프론은 민회에서 여러 번 이야기한 적이 있다고 하는 것(3c)으로 보아 어느 정도 나이가 있는 인물이고, 『크라튈로스』의 대화 배경시기를 기원전 422년 이전으로 추정하는 견해가 있는데, 그 견해가 맞다면 『에우튀프론』의 대화 시점에서 그는 40대 중반은 된 것으로 보아야 한다.

물론 에우튀프론이 실존 인물이 아니라면 이런 것들은 전부 플라톤이 드라마 설정을 위해 꾸며 낸 것들일 따름이다. '에우튀프론(Euthyphrōn)'이라는 이름은 '곧은', '직설적인', '직접적인' 등의 의미를 갖는 'euthys'와 '생각하다'라는 의미를 갖는 'phronein'의 결합으로 이루어진 것이다. 『에우튀프론』에서 보이는 그의 성품과 이름 사이의 절묘한 조화는 이 인물이 플라톤의 상상의 산물일 가능성을 어느 정도 시사하는 것처럼 보이기도 한다. 하지만 언제나 그렇듯이 이런 문제에 대해 정확한 사실을 알기란 어렵다.

대화편에서 에우튀프론은 소크라테스에 대해 매우 호의적인 태도를 가지고 있고(3a), 자신과 소크라테스가 모두 대중들에게 비난을 받는다는 점에서 일종의 동질감 같은 것도 가지고 있는 것으로 보인다(3b-c). 당대 그리스인들에게 에우튀프론은 비난과 조롱의 대상이 되곤 했으며, 오늘날의 독자들에게도 그는 종종 지적 능력도 부족한 데다 미신을 믿는 광신자 정도로 치부되곤 한다. 하지만 『에우튀프론』에서 벌어지는 대화를 편견 없이 바라본다면, 에우튀프론이 철학적 훈련을 받지 못했다는 것은 분명하지만, 그가 특별히 지적 능력이 부족하다고 생각할 이유는 없어 보인다. 또한 종교적으로 그가 특별히 광신자라고 생각할 이유도 별로 없어 보인다. 그는 신들이 인간들에게서 받는 것을 통해 이익을 얻는다는 식의 세속적인 종교관을 거부하고 있으며(15a), 제우스가 정의로움의 수호자라는 생각을 보통 사람들보다 더 심각하게 받아들이고 있을 따름이다. 어떤 의미에서 에우튀프론은 플라톤의 대화편에 등장하는 (소크라테스를 포함한) 모든 인물들 중에서 가장 칸트주의적 정의관에 가까운 입장을 가지고 있는 사람이라고 할 수 있다. 굳이 이야기하자면, 그는 광신자라기보다는 종교적 근본주의자에 가깝다.

에우튀프론을 경건한 사람이라고 할 수 없다면 그것은 그에게 신들을 공경하는 마음이 부족해서는 아니다. 그는 최소한 제우스를 매우 공경하는 마음을 가지고 있는 것으로 보인다. 그가 결여하고 있는 것은 종교적 겸손함이다. 그는 자신이 보통 사람들보다 종교적인 지혜가 월등히 앞서 있다고 자신한다. 그래서 살인자를 잘 돌보지 않았다는 이유로 아버지를 살인죄로 고소하면서 자신이 하는 행위가 경건한 행위의 대표라고 주장한다. 하지만 소크라테스와의 논의를 통해서 드러난 것은 그가 경건한 것이 무엇인지 모른다는 것이다. 그가 정말 경건한 것이 무엇인지 모른다면, 결국 그는 자신의 행위가 경건한 것인지 그렇지 않은 것인지도 모르는 것이다. 이런 경우라면 신들에 대한 두려움과 사람들 앞에서의 부끄러움을 가지고, 옳지 않은 행동을 하는 것일 수도 있는 위험을 감수하지 말았어야 한다는 것이 소크라테스의 지적이다(15d). 제대로 알지도 못하면서 대담하게 그런 행동을 하는 것은 신들과 인간들에 대한 휘브리스(hybris, 오만불손함)이고, 휘브리스는 그리스 사회에서 가장 대표적인 불경함의 사례가 된다. 전설에 따르면 소크라테스와의 대화 이후에 에우튀프론은 아버지에 대한 고소를 취하했다고 하지만, 에우튀프론이 실존 인물인지 여부도 불분명한 상황에서, 이 이야기는 그냥 후대에 만들어진 이야기일 가능성이 높다.

일러두기

- 번역의 기준 판본으로는 옥스퍼드 고전 텍스트(Oxford Classical Text, OCT) 플라톤 전집 시리즈에서 듀크 등이 편집한 신판 OCT 1권(E. A. Duke et al., *Platonis Opera*, vol. I, 1995)을 사용하였다.
- 소위 '스테파누스' 쪽수와 행수도 OCT에 표기되어 있는 것을 기준으로 삼았다. 예컨대, 3a의 시작은 16세기에 출판된 스테파누스 판에서 3a의 시작 단어를 기준으로 하지 않고, OCT에서 3a의 시작 단어를 기준으로 삼았다. (물론, 우리말로 번역하는 과정에서 어순이 바뀌는 경우가 다반사이기 때문에, 어차피 번역에서의 행수와 원문에서의 행수가 정확하게 일치하지는 않는다.)
- 단락 구별도 OCT를 그대로 따랐다.
- 기준 판본으로 삼은 신판 OCT를 따르지 않은 경우는 없지만, 텍스트와 관련해서 논란이 있는 경우에는 신판 OCT를 따른 이유를 주석에서 밝혔다. 주석에서 언급되는 사본들은 다음과 같다.

  B = Cod. Bodl. MS E. D. Clarke 39 (895년 사본)
  T = Cod. Ven. app. cl. 4, I (10세기 사본)
  아르메니아 사본 = Versio Armeniaca (11세기 이전 사본)
- 소크라테스가 나이로는 에우튀프론의 아버지뻘 정도 되는 것으로 추정되지만 에우튀프론도 이미 40대의 나이로 추정되며 둘의 관계가 아주 친밀한 관계는 아닌 것으로 보인다. 존대법은 이에 상응하는 관계에서 우리나라 사람들이 보통 어떻게 이야기하는지를 반영하여 적용하였다.
- 그리스어의 한글 표기는 기본적으로 국립국어원의 기준을 따랐다. 다만, 윕실론은 '위'로 표기하였다.
- 그리스어는 독자의 편의를 위해서 로마자로 표기하였다. 그리스어의 로마자 표기는 정암학당의 다른 번역들에서 사용하고 있는 방식을 따라서, χ는 ch로, υ은 단모음일 때는 y로, 복모음 안에서는 u로 표기하였다.

에우튀프론

에우튀프론

소크라테스, 에우튀프론

에우튀프론 무슨 새로운 일[1]이 생겼나요, 소크라테스님? 으레 시간을 보내시던 뤼케이온 근방[2]을 벗어나 여기 왕 통치관[3]의 주랑건물[4] 근처에서 지금 시간을 보내시다니요. 설마 선생님도 저처럼 왕 통치관 앞에서 하게 되어 있는 무슨 소송이 있지는 않을 텐데요.

소크라테스 에우튀프론, 사실 아테네인들은 그것을 소송이라고 부르지 않고 공소라고[5] 부른답니다.

에우튀프론 무슨 말씀이세요? 누군가가 선생님에 대해 공소를 제기한 것 같군요. 선생님이 다른 사람에 대해 공소를 제기했다고는 생각할 수 없으니까요.[6]

소크라테스 물론 아닙니다.

에우튀프론 다른 사람이 선생님에 대해 그랬다는 거지요?

소크라테스 물론입니다.

에우튀프론 그가 누군가요?

소크라테스 나 자신도 그를 별로 잘 알지는 못합니다, 에우튀프론. 좀 어리고 그다지 알려지지 않은 사람으로 보입니다. 내 생각에 그 사람 이름은 멜레토스[7]라고 하는 것 같더군요. 그는 피트토스 구민[8]인데, 혹시 피트토스 사람으로 긴 생머리에 턱수염은 그리 많지 않고 매부리코인 멜레토스라는 사람을 아십니까?

에우튀프론 모르겠습니다, 소크라테스님. 그런데 그가 선생님에 대해 어떤 공소를 제기했나요?

소크라테스 어떤 공소냐고요? 내가 보기엔 범상치 않은 것입니다. 젊은이이면서 그만한 일을 알고 있다는 것은 보통 일이 아니지요. 그 사람 말로는, 젊은이들이 어떤 방식으로 타락하게 되는지와 그들을 타락시키는 자들이 누구인지를 자신이 안다는 겁니다. 그는 지혜로운 사람인 듯싶습니다. 자기 또래의 사람들을 타락시키는 나의 무지를 간파하고, 어머니한테 일러바치러 가듯이 나라에 나를 고소하러 가는 것이지요. 사실 내게는 그 사람만이 나랏일을 올바르게 시작하는 것으로 보입니다. 젊은이들이 가능한 한 가장 좋은 사람이 되도록 그들을 제일 먼저 돌보는[9] 것이 올바른 방식이니까요. 좋은 농부라면 어린 식물들을 제일 먼저 돌보고 그다음에 나머지 것들도 돌보기 마련이듯이 말이지요. 게다가 멜레토스는 아마도, 그 사람 주장으로는 젊은이들의 싹을 타락시킨다고 하는 우리를 우선 말끔히 정화시키고 나서, 그다음에는 나이 든 사람들을 돌보아 나라에 더 없이 크고 많은 좋은 것들이 생기게 할 공로자가 될 게 분명합니다. 이런 식으로 시작한 사람은 으레 그렇게 되기 마련이지요.

에우튀프론　소크라테스님, 그러면 좋겠습니다만 그 반대가 되지나 않을까 걱정이네요. 선생님께 부정의한 행동을 하려 함으로써 그는 나라를 그야말로 그 근간[10]에서부터 망쳐 놓기 시작하는 것으로 보이니까요. 제게 말씀을 좀 해 주시죠. 선생님께서 도대체 뭘 해서 젊은이들을 타락시킨다고 하는 겁니까?

소크라테스　딱 듣기에도 이상스러운 것이랍니다. 놀라우신 분.[11] 그는 내가 신들을 만드는 사람이라는 겁니다. 그 사람 말로는, 내가 새로운 신들을 만들고 옛 신들을 믿지 않으니 바로 그런 이유 때문에 공소를 제기했다는 것이지요.

에우튀프론　알겠습니다, 소크라테스님. 그건 분명 선생님께서 매번 신령스러운 것[12]이 선생님께 나타난다고 하시기 때문입니다. 그래서 그는 선생님이 종교적 문제들[13]과 관련해서 새로운 짓을 꾀한다고 그 공소를 제기한 것이고, 그런 것들은 대중들 앞에서 중상하기 쉽다는 것을 알고 중상을 할 생각으로 법정에 나서는 것이지요. 사실 제 경우도 그렇습니다. 제가 민회에서 종교적 문제들에 관해 뭔가를 이야기하고 그들에게 미래의 일을 예언하면, 그들은 저보고 미쳤다면서[14] 비웃고들 합니다. 하지만 제가 예언한 것들 중에 참이 아닌 것이 없었답니다. 그런데도 그들은 우리 같은 사람들 모두에 대해 시기하지요. 하지만 그들에 대해 전혀 마음을 쓰지 말고 맞서야 합니다.[15]

소크라테스 친애하는 에우튀프론, 사실 비웃음을 사는 것은 아마 아무것도 아닐 겁니다. 내가 보기에, 아테네인들은 누군가가 대단하다고 생각하는 경우에 그가 자신의 지혜를 가르치려 들지만 않는다면 크게 개의치 않습니다. 하지만 그가 다른 사람들도 그렇게 만들고 있다고 생각하는 경우에는 그에 대해서 역정을 냅니다. 당신이 이야기하듯 시기 때문이든 아니면 다른 무엇 때문이든 말이죠.

에우튀프론 그와 관련해서 그들이 제게 대체 어떤 태도를 보일지는 별로 시험해 보고 싶지 않네요.

소크라테스 아마도 어차피 당신은 자신을 잘 내보이지 않으며 자신의 지혜를 가르치길 원하지 않는 것으로 여겨질 겁니다. 하지만 나는 나의 인간애 때문에 내가 가지고 있는 것 전부를 누구에게나 퍼주며 이야기해 대는 것으로 여겨질까 걱정입니다. 보수를 받지 않을 뿐만 아니라, 누군가가 듣기를 원한다면 기꺼이 돈을 얹어 주기까지 하면서 말이지요. 그러니 당신에게 그들이 그런다고 하신 것처럼 그들이 나를 비웃어 댄다면, 내가 방금 말했듯이, 웃고 놀면서 법정에서 시간을 보내는 것이 전혀 불쾌한 게 아닐 겁니다. 하지만 그들이 진지하게 나오면 그때 사태가 어떻게 될지는 당신들 예언가들을 빼면 누구도 장담할 수 없을 겁니다.

에우튀프론 하지만 아마 별일 없을 겁니다, 소크라테스님. 선생님은 선생님 소송을 마음에 들게 잘 진행하실 것이고,[16] 저도 제 소송을 잘 할 것으로 생각합니다.

소크라테스 에우튀프론, 그건 그렇고 당신 소송은 어떤 것이죠? 당신은 쫓기는 쪽, 즉 피고입니까, 아니면 쫓는 쪽, 즉 원고입니까?[17]

에우튀프론 쫓는 쪽입니다.

소크라테스 당신이 쫓는 사람은 누구죠?

에우튀프론 그분을 쫓다 보니 제가 또 미친 거로 여겨지고 있네요.

소크라테스 왜요? 날아다니는 누군가를 쫓고 있습니까?[18]

에우튀프론 날아다니는 것과는 거리가 멀지요. 그분은 연세가 아주 많으시거든요.

소크라테스 그분이 누군데요?

에우튀프론 제 아버지랍니다.

소크라테스 이런 대단한 양반, 당신의 아버지라고요?

에우튀프론 정말 그렇습니다.

소크라테스 고소 내용이 무엇이고, 무엇에 대한 소송인가요?

에우튀프론 살인이랍니다, 소크라테스님.

소크라테스 헤라클레스 맙소사.[19] 아마 대중들은 분명 도대체 어

떻게 하는 것이 옳은지 모를 겁니다, 에우튀프론. 그런 일을 옳
게 하는 것은 아무나 할 수 있는 게 아니라고 생각합니다.[20] 지혜
가 이미 저 멀리 앞서 있는 사람만 할 수 있는 일이겠지요.

에우튀프론 제우스신께 맹세코, 정말 멀리 앞서 있어야 됩니다,
소크라테스님.

소크라테스 그건 그렇고 당신 아버지 때문에 죽은 사람이 당신
집안사람 중 한 명입니까? 아니, 물어볼 필요도 없는 건가요? 설
마 남을 위해서 그분을 살인죄로 고소하지는[21] 않았을 테니까요.

에우튀프론 우습군요, 소크라테스님. 죽은 사람이 집안사람인
지 남인지 여부가 뭔가 차이가 있다고 생각하시다니요. 죽인 사
람의 죽인 행위가 정당했는지 그렇지 않았는지 여부만을 고려해
야 한다고 생각하지 않으시고 말이죠. 그의 행위가 정당했다면
내버려 두어야 하고, 정당하지 않았다면 고소를 해야 하는 것이
죠.[22] 죽인 사람이 선생님과 같은 집에 살고[23] 같은 식탁에서 식
사를 하는 사람인 경우라면[24] 말입니다. 그 사람의 행위를 잘 알
면서도 그런 사람과 함께 지내면서, 고소를 함으로써 소송을 통
해 자신과 그 사람을 정화시키지[25] 않는다면, 부정함이 똑같이
생길 테니까요.[26] 사실 죽은 사람이 제 품꾼[27]이긴 했습니다. 우
리가 낙소스에서 농사일을 할 때[28] 거기서 우리에게 날품을 팔았
지요. 그런데 그는 주사를 부리다가 우리 집안 노예 중 한 사람
에게 화가 나서 그의 목을 그어 버립니다. 그래서 아버지는 그의

손과 발을 묶어서 도랑에 던져 놓고는, 어떻게 해야 할지 종교문제 해석관[29]에게 문의할 사람을 여기로[30] 보내지요. 그런데 그 기간 동안에, 묶인 자를 하찮게 보고 신경을 쓰지 않았어요. 살인자니까 죽어도 별일이 아니라고 여긴 거지요. 그리고 딱 그런 일이 생겼답니다. 전령이 종교문제 해석관에게서 돌아오기 전에, 추위와 굶주림과 결박으로 인해서 그가 죽어요. 그래서 아버지나 다른 집안사람들은 제가 그 살인자를 위해서 아버지를 살인죄로 고소하고 있다고 분개하기까지[31] 하십니다. 그분들 주장으로는 아버지가 그를 죽인 것도 아니고, 설사 죽인 것이 틀림없는 사실이라고 하더라도 죽은 사람이 살인자인 마당에 그런 사람을 위해서 신경을 써서는 안 된다는 겁니다. 아들이 아버지를 살인죄로 고소하는 것은 불경한 일이라고요. 소크라테스님, 그건 이분들이 경건한 것과 불경한 것에 대한 신적인 입장[32]이 어떠한지를 잘 몰라서 그래요.

소크라테스 그런데 에우튀프론, 제우스신을 앞에 두고, 당신은 종교적 문제들에 대해서 그리고 경건한 것들과 불경한 것들에 대해서 그토록 정확하게 안다고 생각하십니까? 그래서 그 일들이 당신이 이야기하는 대로 일어났을 때 아버지를 법정에 세우면서 당신 또한 불경한 일을 행하는 것은 아닐지 무섭지 않으십니까?

에우튀프론 제가 그런 일들 모두를 정확하게 알지 못한다면 저

5a 는 아무짝에도 쓸모가 없는 사람일 겁니다, 소크라테스님. 에우튀프론이 대중들 중 어느 누구보다 나은 점도 없을 테고요.

소크라테스 놀라운 에우튀프론, 그럼 나는 당신의 제자가 되는 것이 제일 좋겠군요. 그래서 멜레토스를 상대로 하는 공소가 진행되기 전에 바로 이것으로 그에게 도전적 제안을 하는[33] 거지요. 이전에도 나는 종교적 문제들을 아는 것이 매우 중요하다고 여겼고, 내가 종교적 문제들에 대해서 허투루 말하고 새로운 짓을 꾀하는 잘못을 범하고 있다고 이 사람이 주장하고 있으니, 지금은 당신의 제자가 되었다고 하면서요. 나는 다음과 같이 이야기할 수 있을 겁니다. "멜레토스, 만약 에우튀프론이 이러한 문제에 대해서 지혜롭다는 데 당신이 동의한다면, 나도 올바른 믿

b 음을 갖고 있다고 생각하시고 나를 법정에 세우지 마시오. 만약 그렇지 않다면 나보다 먼저 이 스승님에게 소송을 거시오.[34] 그가 나를 가르치고 자신의 아버지를 훈계하고 징계하여, 늙은이들인 나와 자신의 아버지를 타락시켰다고 말이오." 그가 내 말을 듣지 않아서, 소송을 취하하지도 않고 나 대신 당신에 대해 공소를 제기하지도 않는다면, 그에게 도전적 제안을 한 내용인 바로 이것들을 법정에서 이야기하면 되고요. 그렇지요?[35]

에우튀프론 제우스신께 맹세코, 소크라테스님, 그가 행여 저에

c 대해 공소를 제기하려 한다면, 제 생각에 저는 그가 어디에 허점이 있는지를 발견할 것입니다. 그리고 법정에서 우리의 논의는 저

에 대한 것이기보다는 오히려 그에 대한 것이 되었을 것입니다.

소크라테스 나도 그걸 알아서 당신의 제자가 되려 하는 겁니다, 소중한 동료분. 다른 사람들이나 이 멜레토스라는 사람이나, 당신은 본 체도 안 하면서 나는 그토록 쉽게 그리고 예리하게 간파해서, 신에 대한 불손죄[36]로 나에 대한 공소를 제기했다는 것을 아니까 말입니다. 그럼 이제 당신이 분명하게 안다고 방금 단언한 것을 제우스신을 앞에 두고 내게 말해 주세요. 살인과 관련해서든 다른 것들과 관련해서든, 어떤 것이 신을 공경하는 것이고 어떤 것이 신에 대해 불손한 것이라고 주장하십니까? 아니면 경건한 것이 모든 행동에서 그 자체로는 자기 자신과 동일한 것이 아닌가요? 불경한 것은 또 모든 경건한 것과는 반대되는 것이면서 그 자체로는 자기 자신과 같은 성질의 것이어서, 불경하다고 할 것이라면 무엇이든 불경함의 측면에서[37] 어떤 하나의 형상[38]을 가지는 것이 아닌가요?

에우튀프론 틀림없이 그런 것입니다, 소크라테스님.

소크라테스 그럼 말해 주시죠. 경건한 것과 불경한 것이 무엇이라고 주장하십니까?

에우튀프론 저는 경건한 것이 바로 지금 제가 하고 있는 것이라고 이야기하겠습니다.[39] 살인이나 신성한 것들을 훔치는 일이나 다른 어떤 그런 잘못을 범함으로써 부정의한 행동을 하는 자를, 그가 아버지이든 어머니이든 다른 어떤 사람이든 상관없이 고소

e 하는 것이라고요. 고소하지 않는 것은 불경한 일이고요. 자, 소크라테스님, 법[40]이 이러하다는 데 대해 제가 말씀드릴 증거가 얼마나 큰지 보세요. 다른 사람들에게도 이미 이야기한 바 있습니다만, 누구든 신에게 불손한 자는 그냥 내버려 두지 않는 것, 그렇게 하는 것이 옳은 일이랍니다. 사람들은 제우스 신이 신들 가운데서 최고이고 가장 정의롭다는 것을 자신들도 믿고 있
6a 으며, 제우스 신의 아버지가 아들들을 부당하게 삼켜 버렸기 때문에 제우스 신이 아버지를 결박했고,[41] 그 아버지는 또 다른 그런 이유로 자신의 아버지를 거세시켰다는[42] 데에도 동의합니다. 하지만 부정의한 행동을 한 아버지를 고소한다고 저에 대해서는 화를 내는데, 그들은 이렇게 신들과 저에 대해서 자기모순적인 이야기를 하고 있는 것이죠.

소크라테스 에우튀프론, 그러고 보니 이게 내가 공소에서 피고가 된 이유인가요? 누군가가 신들에 대해서 그런 이야기들을 하면, 나는 좀 쉽게 받아들이지를 못하니까요. 정말이지 그 때문에 누군가는 내가 잘못을 범하고 있다고 주장할 것 같습니다. 그런데 이제 그러한 것들에 대해서 잘 아는 당신에게도 그렇게 생각
b 된다면, 나 같은 사람들[43]도 인정을 해야만 할 것 같군요. 우리가 그것들에 대해서 전혀 모른다는 데에 우리 자신이 동의하고 있는 마당에, 우리가 또 무슨 말을 하겠습니까? 하지만 우정의 신[44]을 앞에 두고 내게 말해 보세요. 당신은 정말로 그런 일들이 그

렇게 일어났다고 생각합니까?

에우튀프론 대중들이 모르는, 그것들보다 훨씬 더 놀라운 일들도 일어났답니다, 소크라테스님.

소크라테스 당신은 신들 사이에서 서로에 대한 전쟁도 정말로 있다고 생각하는 겁니까? 또 무서운 적대심과 싸움, 그리고 시인들이 이야기하는 다른 많은 그런 것들도 있고요? 뛰어난 화가들이 다른 신전들에 이런 그림을 채색해 놓기도 했지만, 특히 범아테네 대제전[45]에서 아크로폴리스로 옮겨지는 융단[46]에 그러한 그림이 가득 수놓아 있기도 하지요. 이런 것들이 참이라고 해야 합니까, 에우튀프론?

에우튀프론 소크라테스님, 그것만이 아니라 방금 이야기했듯이 종교적 문제들에 관해서 다른 많은 것들도 제가 선생님께 설명해 드리겠습니다. 원하기만 하신다면요. 그걸 들으시면 깜짝 놀라실 걸로 확신합니다.

소크라테스 놀라지는 않을 겁니다. 하지만 그것들은 다음에 시간 있을 때 설명해 주세요. 지금은 내가 좀 전에 당신에게 물은 것을 보다 분명하게 이야기하도록 해 보시죠. 동료분, 당신은 내가 경건한 것이 도대체 무엇인지를 물은 것에 대해서 충분히 가르쳐 주질 않고, 당신이 지금 하고 있는 것, 즉 아버지를 살인죄로 고소하는 것이 경건한 것이라고 이야기했습니다.

에우튀프론 그렇게 이야기했지요. 그리고 그게 참입니다, 소크라테스님.

소크라테스 아마도요. 하지만, 에우튀프론, 당신은 다른 많은 것들도 경건하다고 주장할 것입니다.

에우튀프론 예, 사실 그렇습니다.

소크라테스 그럼 내가 많은 경건한 것들 중 한두 개를 가르쳐 달라고 요구한 것이 아니라 모든 경건한 것들이 그것에 의해서 경건한 것이 되는 그 형상[47] 자체를 요구했다는 것을 기억합니까? 당신은 뭔가 한 가지 형상에 의해서 불경한 것들이 불경하고 경건한 것들이 경건하다고 했으니까요. 아니면 기억하지 못하십니까?

에우튀프론 기억합니다.

소크라테스 그러니 이 형상 자체가 도대체 무엇인지 내게 가르쳐 주시죠. 그걸 보고서 그것을 본[48]으로 삼아, 당신이나 다른 누가 하는 행동이 그러한 것이면 경건하고 그렇지 않은 것이면 경건하지 않다고 이야기할 수 있도록요.

에우튀프론 소크라테스님, 선생님이 그런 식을 원하신다면, 그런 식으로도 말씀해 드리죠.

소크라테스 그런 식을 원한답니다.

에우튀프론 그럼, 신들에게 사랑스러운 것은 경건한 것이고, 사랑스럽지 않은 것은 불경한 것입니다.

소크라테스 아주 훌륭합니다, 에우튀프론. 이제는 내가 당신에게 대답하라고 요구했던 방식으로 대답을 했군요. 그런데 그게 참인지는 아직 모르겠습니다. 하지만 당신은 당신 이야기가 참이라는 것을 분명 잘 가르쳐 주겠지요.

에우튀프론 물론입니다.

소크라테스 자 그럼, 우리가 무슨 이야기를 하는 건지 살펴봅시다. 신의 사랑을 받는 것과 신의 사랑을 받는 사람은 경건하고, 신의 미움을 받는 것과 신의 미움을 받는 사람은 불경합니다. 그리고 경건한 것은 불경한 것과 동일한 것이 아니라 가장 반대되는 것입니다. 이런 이야기 아닙니까?

에우튀프론 그런 이야기입니다.

소크라테스 그리고 이 이야기가 맞는 이야기로 보이고요?

에우튀프론 제가 보기엔 그렇습니다, 소크라테스님.

소크라테스 신들이 내분을 일으키고 서로 의견 차이를 보이며 그들 사이에 서로에 대한 적대심이 있다는 이야기도 하지 않았습니까, 에우튀프론?

에우튀프론 예, 그렇게 이야기했습니다.

소크라테스 최고이신 분, 적대심과 분노를 야기하는 것은 무엇에 대한 의견 차이입니까? 이렇게 살펴봅시다. 당신과 내가 두 수 중 어느 쪽이 더 많은지에 대해 의견 차이가 있다면 이러한 의견 차이가 우리를 적대적으로 만들고 서로에 대해 화를 내도록 만듭니까? 아니면 그런 것들에 관해서는 계산에 의존해서 금방 의견 차이를 해소해 버립니까?

에우튀프론 물론 금방 해소해버릴 겁니다.

소크라테스 더 큰 것과 더 작은 것에 대해 의견 차이가 있는 경우에도 측정하기에 의존해서 금방 의견 차이를 없애겠지요?

에우튀프론 그렇습니다.

소크라테스 또한 무게 달아보기에 의존해서, 내 생각에는, 더 무거운 것과 더 가벼운 것에 관해 합의를 보겠지요?[49]

에우튀프론 왜 안 그러겠습니까?

소크라테스 그러면 무엇에 대한 의견 차이가 있고 어떤 판정수단에 의존할 수 없을 경우,[50] 우리가 서로 적대적이 되고 서로에게 d 화를 냅니까? 아마도 당장 대답하긴 어려운가 본데, 내가 이야기할 테니 살펴보세요. 그건 정의로운 것과 부정의한 것, 아름다운 것과 추한 것, 좋은 것과 나쁜 것[51]이 아닙니까? 이것들이 바로, 그에 대한 의견 차이가 있고 의존할 만한 충분한 판정수단이 없을 경우[52] 우리를 적대적으로 만드는 것들 아닙니까? 당신이든 나든 다른 어떤 사람이든, 우리가 적대적이 될 때는 말이지요.

에우튀프론 소크라테스님, 사실 그것들에 관한 그런 의견 차이가 우리를 적대적으로 만듭니다.

소크라테스 신들은 어떤가요, 에우튀프론? 그들이 정말 뭔가 의견 차이를 보인다면,[53] 바로 이것들 때문에 의견 차이를 보이는 것이겠지요?

에우튀프론 분명히 그럴 수밖에 없습니다.

소크라테스 그럼, 고귀한 에우튀프론, 당신 말에 따르면, 신들 중에서도 이 신은 이것을 저 신은 저것을 정의롭다고 생각하고, 또 서로 다른 것들을 아름답고 추하고 좋고 나쁘다고 생각하지요? 이것들에 관해 의견 차이가 없었더라면, 그들은 아마 서로 내분을 일으키지 않았을 테니까요. 그렇지 않습니까?

에우튀프론 맞는 말씀입니다.

소크라테스 그들 각각이 아름답고 좋고 정의롭다고 생각하는 것들, 바로 그것들을 그들이 사랑하기도 하는 것 아닙니까? 그것들에 반대되는 것들은 미워하고요?

에우튀프론 물론입니다.

소크라테스 그런데 동일한 것들을 어떤 신들은 정의로운 것이라고 생각하고 어떤 신들은 부정의한 것이라고 생각한다는 것이 당신 주장입니다. 그것들에 관해 논쟁을 벌여서 그들은 내분을 일으키기도 하고 서로 전쟁을 하기도 한다는 것이고요. 그렇지 않습니까?

에우튀프론 그렇습니다.

소크라테스 그러니 동일한 것들이 신들에게 미움도 받고 사랑도 받고 하는 것 같군요. 그래서 동일한 것들이 신의 미움을 받는 것이면서 신의 사랑을 받는 것이겠습니다.

에우튀프론 그런 것 같습니다.

소크라테스 그럼 동일한 것들이 경건한 것이면서 불경한 것이겠습니다, 에우튀프론. 이 논변에 따르면 말이지요.

에우튀프론 그럴 것 같습니다.

소크라테스 놀라운 사람, 그럼 당신은 내가 질문한 것에 대한 대답을 한 게 아닙니다. 동일한 것으로서 경건하기도 하고 불경하기도 한 것에 대해 내가 물어본 것이 아닌데, 신의 사랑을 받는 b 것이면 신의 미움을 받는 것이기도 한 것 같으니 말이지요. 에우튀프론, 그래서 당신이 지금 하고 있는 아버지를 징계하는 일도 그런 것이라고 해서 전혀 놀라울 것이 없습니다. 그런 일을 함으로써 당신이 제우스 신에게는 사랑스럽지만 크로노스 신과 우라노스 신에게는 미움을 사고[54] 또 헤파이스토스 신에게는 사랑스럽지만 헤라 여신에게는 미움을 사는[55] 일을 하는 것일 수도 있다는 말입니다. 또 그 밖의 다른 어떤 신이 또 다른 어떤 신과 그것과 관련해 의견 차이를 보인다면, 그들에게도 마찬가지이고요.

에우튀프론 하지만, 소크라테스님, 제 생각에 이와 관련해서는 신들 중 누구도, 부정의하게 누군가를 죽인 사람이 처벌받지 않아도 된다고 하면서 다른 신과 의견 차이를 보이지는 않을 겁니다.

소크라테스 그럼 어떤가요, 에우튀프론? 사람들 중에선 누군가 c 가, 부정의하게 살인을 한 사람이나 다른 어떤 부정의한 행동을 한 사람이 처벌받지 않아도 된다고 하면서 논쟁을 벌이는 것을 본 적이 있습니까?

에우튀프론 다른 데서도 그렇지만 특히 법정에서 그런 논쟁이 끊임없이 벌어집니다. 사람들은 별의별 부정의한 행동을 다 하고서는 벌을 받지 않으려고 무슨 짓이든 다 하고 무슨 소리든 다 하지요.

소크라테스 그들은 자신들이 부정의한 행동을 했다는 것을 인정하기도 하는 겁니까, 에우튀프론? 그것을 인정하면서도 자신들이 처벌받지 않아도 된다고 주장하는 겁니까?

에우튀프론 결코 그렇지는 않습니다.

소크라테스 그럼 그들이 무슨 짓이든 다 하고 무슨 소리든 다 하는 것은 아니군요. 내 생각에, 부정의한 행동을 한 것은 맞지만 처벌은 받지 않아도 된다고 감히 이야기하거나 그걸로 논쟁을 벌이는 사람은 없으니까요. 그게 아니라, 내 생각엔, 부정의한 행동을 한 것이 아니라고 주장하지요. 그렇지 않습니까?

에우튀프론 맞는 말씀입니다.

소크라테스 그러니 그들은 부정의한 행동을 한 사람이 벌을 받지 않아도 되는지에 대한 논쟁을 벌이는 것이 아니고, 부정의한 행동을 한 사람이 누구고 무슨 짓을 언제 했는지, 아마도 이런 논쟁을 벌이는 것이겠습니다.

에우튀프론 맞는 말씀입니다.

소크라테스 그런데 당신 말대로 정말 신들이 정의로운 것들과 부정의한 것들에 관해서 내분을 일으킨다면 신들도 바로 이런 일들을 겪는 것이 아닙니까? 그래서 각각이 서로 상대방이 부정

의한 행동을 하고 있다고 주장하고 상대방은 그렇지 않다고 주
e 장하는[56] 것 아닙니까? 놀라운 사람, 부정의한 행동을 한 사람이 처벌받지 않아도 된다는 그런 이야기는, 신들 중에서도 인간들 중에서도 누구도 감히 하지 않으니까요.

에우튀프론 예, 그건 대체적으로 맞는 말씀이네요, 소크라테스님.

소크라테스 에우튀프론, 그게 아니라 행해진 것들 각각에 대해서 논쟁을 벌이는 거지요. 인간들도 그렇고 신들이 정말 논쟁을 벌인다면 신들도 그렇고요. 어떤 행위와 관련해서 의견 차이를 보여서 어떤 쪽은 그 행위가 정의롭게 행해졌다고 주장하고 어떤 쪽은 그 행위가 부정의하게 행해졌다고 주장하는 것이니까요. 그렇지 않습니까?

에우튀프론 물론입니다.

9a 소크라테스 자 그럼, 친애하는 에우튀프론, 내가 더 지혜로워질 수 있도록 내게도 가르쳐 주십시오. 품꾼 노릇을 하다가 살인을 저지르고, 살해당한 사람의 주인에 의해 결박되었다가, 그를 결박한 사람이 종교문제 해석관들로부터 그를 어떻게 처리할지에 대한 대답을 듣기 전에 결박 때문에 죽어 버린 사람은 부정의하게 죽은 것이라고, 모든 신들이 그렇게 생각한다고 보는 증거는 무엇입니까? 또 그런 사람을 위해서 아들이 아버지를 살인죄로 고소하고 고발하는 것[57]이 옳다는 증거는 무엇입니까? 자 이것들
b 과 관련해서, 모든 신들이 무엇보다도[58] 이런 행위를 옳다고 생

각한다는 것을 내게 분명히 밝혀 주도록 해 보시죠. 이것을 내게 충분히 밝혀 주신다면 나는 끊임없이 당신의 지혜를 칭송할 것입니다.

에우튀프론 하지만 아마도 그것은 작은 일이 아닐 겁니다, 소크라테스님. 선생님께 아주 분명히 밝혀 드릴 수는 있겠지만 말이죠.

소크라테스 알겠습니다. 내가 재판관들보다 더디 배우는 걸로 여기시는 것이군요. 재판관들에게는 분명 어떻게 그러한 것들이 부정의하며 모든 신들이 그러한 것들을 미워하는지를 밝혀 주실 테니까요.

에우튀프론 그들이 제가 이야기하는 것을 들어 주기만 한다면 아주 분명히 밝혀 줄 겁니다, 소크라테스님.

소크라테스 물론 그들은 들을 겁니다. 정말 당신이 말을 잘하는 것으로 여겨진다면 말이죠. 그런데 당신이 이야기하는 중에 이런 생각이 들었습니다. 그래서 나 자신에게 이렇게 물어봅니다. "모든 신들이 그러한 죽음이 부정의한 죽음이라고 생각한다는 것을 에우튀프론이 내게 더할 나위 없이 잘 가르쳐 준다면, 나는 경건한 것과 불경한 것이 도대체 무엇인지에 관해 에우튀프론으로부터 무엇을 더 배운 것이 될까? 그 경우 그러한 행위가 신의 미움을 받는 것이 될 것 같기는 한데, 그렇지만 경건한 것과 그렇지 않은 것이 이것에 의해 정의되는 게 아니라는 사실이 방금 전에 드러났지. 신의 미움을 받는 것이 신의 사랑을 받는 것이기

도 하다는 게 드러났으니 말이야." 에우튀프론, 그래서 이 문제
는 넘어가겠습니다. 원하신다면, 모든 신들이 그것을 부정의하
다고 생각하며 모든 신들이 그것을 미워한다고 하세요. 그런데
그럼 이제 우리가 우리의 이야기를 이렇게 수정하는 겁니까? 모
든 신들이 미워하는 것은 불경한 것이고 모든 신들이 사랑하는
것은 경건한 것이라고요. 그리고 일부의 신들은 사랑하고 일부
의 신들은 미워하는 것은 양쪽 다 아니거나 양쪽 다이고요. 경건
한 것과 불경한 것에 대해서 이제 우리가 이렇게 정의하기를 원
하십니까?

에우튀프론 그렇게 해서 안 될 게 뭐 있겠습니까, 소크라테스
님?

소크라테스 나로서는 안 될 게 없어요, 에우튀프론. 하지만 그걸
그렇게 정의하면 당신이 약속한 바를 내게 가장 쉽게 가르쳐 줄
수 있을지는 당신 편에서 당신이 살펴보세요.

에우튀프론 아, 그럼 저는 모든 신들이 사랑하는 것, 그것이 경
건한 것이고, 반대로 모든 신들이 미워하는 것은 불경한 것이라
고 주장하겠습니다.

소크라테스 그것이 잘 이야기된 건지 우리가 또 살펴봐야 되겠
지요, 에우튀프론? 아니면 그냥 내버려 두고, 우리들 자신의 이
야기든 남들의 이야기든 누군가가 어떻다고 주장하기만 하면 그
렇다고 동의하면서 그냥 그렇게 받아들여야 하겠습니까? 아니면

이야기하는 사람이 무슨 이야기를 하는 것인지 살펴보아야 하겠습니까?

에우튀프론 살펴보아야 하지요. 하지만 이제는 그게 잘 이야기되었다고 생각합니다.

소크라테스 그런지 여부는 곧 더 잘 알게 될 겁니다. 뛰어나신 분. 이런 걸 생각해 보시죠. 경건한 것은 그것이 경건한 것이기 때문에 신들에게 사랑을 받는 겁니까, 아니면 사랑을 받기 때문에 경건한 것입니까?[59]

에우튀프론 무슨 말씀을 하시는 건지 모르겠습니다, 소크라테스님.

소크라테스 그럼 더 분명하게 이야기하도록 해 보지요. 우리는 움직여지는 것도 있고, 움직이는 것도 있고, 이끌리는 것도 있고, 이끄는 것도 있으며, 보이는 것도 있고, 보는 것도 있다고 이야기하지요? 그리고 이러한 모든 것들이 서로 다르다는 것을 이해하시고, 이들이 어떤 점에서 다른지도 이해하시죠?

에우튀프론 저는 이해한다고 생각합니다.

소크라테스 사랑받는 것도 있지요? 그리고 사랑하는 것은 그것과 다른 것이고요?

에우튀프론 왜 아니겠습니까?

소크라테스 그러면 내게 말해 보시죠. '움직여지는 것'은 그것이 움직여지기 때문에 '움직여지는 것'입니까,[60] 아니면 다른 이유 때문에 그런 것입니까?

에우튀프론 다른 무엇 때문이 아니라 그 때문이지요.

소크라테스 그리고 또 '이끌리는 것'은 이끌리기 때문에, '보이는 것'은 보이기 때문에 그런 것이지요?

에우튀프론 물론입니다.

소크라테스 그럼 '보이는 것'이기 때문에, 그 때문에 보이는 게 아니라, 반대로, 보이기 때문에, 그 때문에 '보이는 것'이지요. 또 '이끌리는 것'이기 때문에, 그 때문에 이끌리는 게 아니라, 이끌리기 때문에, 그 때문에 '이끌리는 것'이고, '움직여지는 것'이기 때문에 움직여지는 게 아니라, 움직여지기 때문에 '움직여지는 것'입니다. 내가 무슨 말을 하려는 건지가 분명합니까, 에우튀프론? 내가 말하려는 것은 이겁니다. 어떤 것이 변하거나[61] 뭔가를 겪는다면, '변하는 것'이기 때문에 변하는 게 아니라, 변하기 때문에 '변하는 것'이라는 겁니다. 또 '겪는 것'이기 때문에 겪는 게 아니라, 겪기 때문에 '겪는 것'이라는 겁니다. 그렇다고 동의하지 않습니까?

에우튀프론 저는 동의합니다.

소크라테스 '사랑받는 것'도 어떤 것으로 변하는 것이거나 뭔가에 의해서 뭔가를 겪는 것이 아닙니까?

에우튀프론 물론입니다.

소크라테스 그럼 이것도 앞의 것들과 마찬가지이겠지요? '사랑받는 것'이기 때문에 그것을 사랑하는 것에 의해서 사랑을 받는 게 아니라, 사랑받기 때문에 '사랑받는 것'이지요?

에우튀프론 그럴 수밖에요.

소크라테스 자 그럼 경건한 것에 대해서 우리가 뭐라고 이야기하고 있습니까, 에우튀프론? 당신 말에 따르면 그것은 모든 신들에게 사랑을 받지 않습니까?

에우튀프론 그렇습니다.

소크라테스 경건한 것이기 때문에, 그 때문에 그런 겁니까, 아니면 다른 무엇 때문에 그런 겁니까?

에우튀프론 다른 무엇 때문이 아니라 바로 그 때문입니다.[62]

소크라테스 그럼 그것은 경건한 것이기 때문에 사랑받는 거지, 사랑받기 때문에, 그 때문에 경건한 것은 아니지요?

에우튀프론 그런 것 같습니다.

소크라테스 그런데 그것은 신들에게 사랑을 받기 때문에 '사랑받는 것'이고 '신의 사랑을 받는 것'입니다.[63]

에우튀프론 왜 아니겠습니까?

소크라테스 에우튀프론, 그럼 '신의 사랑을 받는 것'이 경건한 것이 아니고, 당신의 말처럼 경건한 것이 '신의 사랑을 받는 것'도 아니며,[64] 둘은 서로 다른 것이네요.

에우튀프론 아니, 어떻게 해서 그렇지요, 소크라테스님?

소크라테스 우리는 경건한 것이 경건한 것이기 때문에, 그 때문에 사랑받지만, 사랑받기 때문에 경건한 것은 아니라는 데 동의했기 때문이지요. 그렇게 동의하지 않았습니까?

에우튀프론 동의했습니다.

소크라테스 '신의 사랑을 받는 것'은 신들의 사랑을 받기 때문에, 바로 이 사랑받음 때문에 '신의 사랑을 받는 것'이지, '신의 사랑을 받는 것'이기 때문에, 그 때문에 사랑받는 게 아니지요.

에우튀프론 맞는 말씀입니다.

소크라테스 그런데, 사랑스러운 에우튀프론, '신의 사랑을 받는 것'과 경건한 것이 동일한 것이었더라면, 다음과 같이 되었을 겁니다. 경건한 것이 경건한 것이기 때문에 사랑받는다면 '신의 사랑을 받는 것'도 '신의 사랑을 받는 것'이기 때문에 사랑받았을 것이고, 다른 한편으로 '신의 사랑을 받는 것'이 신들에게 사랑받기 때문에 '신의 사랑을 받는 것'이라면 경건한 것도 사랑받기 때문에 경건한 것이었을 겁니다. 하지만 당신은 이제 둘이 서로 반대의 관계에 있다는 것을 압니다. 둘이 서로 전적으로 다르기라도 한 것처럼 말입니다. 하나는 사랑받기 때문에 사랑받는 종류의 것이고, 다른 하나는 사랑받는 종류의 것이기 때문에, 그 것 때문에 사랑받는 거니까요. 에우튀프론, 그리고 당신은 경건한 것이 도대체 무엇인가 하는 질문을 받고서는 그것이 어떤 존재인지는[65] 내게 밝혀 주려 하지 않고, 그것이 어떤 일을 겪는지를[66] 이야기하려 하는 것으로 보입니다. 경건한 것이 모든 신들에게 사랑받음이라는 일을 겪는다고요. 하지만 그것이 무엇이어서 그런 일을 겪는지는 아직 이야기하지 않았습니다. 그러니 괜찮다면, 내게 숨기지 말고 처음부터 다시 얘기해 보시죠. 경건한 것이 신들에게 사랑을 받든 또 어떤 일을 겪든 거기에 대해서는 우리가 의견 차이를 보이지 않을 테니,[67] 그것이 도대체 무엇이어서 그런 일을 겪는지를 말입니다. 자, 열의를 갖고 경건한 것과 불경한 것이 무엇인지를 말해 주십시오.

에우튀프론 하지만, 소크라테스님, 저로서는 제가 생각하는 바를 선생님께 어떻게 이야기해야 할지 모르겠습니다. 우리가 뭘 제안하든 그게 매번 이리저리 돌아다니면서, 우리가 그것을 앉혀놓은 자리에 머물러 있으려 하지 않거든요.

소크라테스 에우튀프론, 당신이 이야기한 것들은 꼭 우리 선조 다이달로스[68]가 만든 작품 같군요. 그래서 만약 내가 그걸 이야기하고 제안했더라면, 아마도 당신이 나를 놀려댔을 겁니다. 내가 그분과 친족 관계에 있기 때문에 논의에서의 내 작품들이 달아나 버리고 놓아둔 자리에 머물러 있으려 하지 않는다고요. 하지만 지금은, 그 제안들이 당신 것이니까, 뭔가 다른 농담이 필요하겠습니다. 당신 자신에게도 그렇게 보이듯이, 그것들이 당신 곁에 머물러 있으려 하지 않으니까요.

에우튀프론 소크라테스님, 제 생각에는 이야기된 것들에 대해 거의 똑같은 농담이 필요한 것 같습니다. 그것들이 빙빙 돌아다

니면서 같은 장소에 머물러 있지 않게 만든 것은 제가 아니니까
요. 제가 보기에는 선생님께서 다이달로스인 것 같아요. 저 때문
이라면 그것들은 그냥 머물러 있었을 겁니다.

소크라테스 동료분, 그럼 다이달로스는 자기 자신의 작품들만
머물러 있지 않게 만들었는데 나는 나 자신의 작품들만이 아니
라 남의 작품들까지도 그렇게 만드는 것 같으니, 그런 만큼 그
기술에서 내가 그분보다 더 대단한 사람이 된 것 같군요. 그리
고 정말 내 기술의 가장 기묘한 점은 내가 원하지도 않으면서 지
혜롭다는 거네요. 우리의 논의가 머물러서 움직이지 않고 앉아
있을 수 있다면, 나는 그것을 다이달로스의 지혜에 더해 탄탈로
스의 재산[69]이 생기는 것보다도 더 바랐을 테니까 말이지요. 그
런데 그건 그만하면 됐습니다. 당신은 게으름을 부리는 것 같으
니,[70] 경건한 것에 대해 당신이 나를 가르쳐 주도록 내 쪽에서도
당신을 거들어서 열의를 보이겠습니다. 그러니 미리 포기하지
마십시오. 자 보세요. 당신은 경건한 것이 모두 필연적으로 정의
롭다고 생각하지 않습니까?

에우튀프론 저는 그렇게 생각합니다.

소크라테스 정의로운 것도 모두 경건합니까? 아니면 경건한 것
은 모두 정의롭지만, 정의로운 것은 모두가 경건한 것은 아니고
일부는 경건하고 일부는 그렇지 않은 겁니까?

에우튀프론 말씀하시는 것을 잘 못 따라가겠습니다, 소크라테스님.

소크라테스 아니 당신은 나보다 더 지혜롭고 그에 못지않게 그만큼 더 젊잖아요.[71] 그런데, 내가 말하듯이, 당신은 지혜가 넘쳐서 게으름을 부리고 있는 겁니다. 자, 복 받은 사람, 노력을 좀 기울여 주시죠. 사실 내가 말하는 것이 이해하기 어려운 것도 아닙니다. 나는 다음과 같은 시를 지은 시인과 반대되는 이야기를 하고 있는 겁니다.

이 모든 것을 낳은 자도 그 일을 한 제우스를
비난하려 하지 않네.[72] 두려움이 있는 곳에 부끄러움도 있나니.   b

나는 이 시인과 의견이 달라요. 어떤 점에서 그런지 이야기해 줄까요?

에우튀프론 물론입니다.

소크라테스 내게는 "두려움이 있는 곳에 부끄러움도" 있는 것으로 보이지 않습니다. 많은 사람들이 질병이나 가난, 그 밖의 그런 많은 것들을 두려워하는데, 두려워하긴 하지만 두려워하는 그것들을 부끄러워하는 것은 전혀 아니라고 생각됩니다. 당신은 그렇게 생각하지 않습니까?

에우튀프론 물론 그렇게 생각합니다.

소크라테스 하지만 부끄러움이 있는 곳에는 두려움도 있는 것 같습니다. 어떤 행위를 부끄러워하고 창피해하면서[73] 그와 동시에 자신이 못된 사람이라는 평판을 얻는 것을 무서워하고 두려워하지 않는 사람이 누가 있겠습니까?

에우튀프론 물론 다들 두려워합니다.

소크라테스 그럼 "두려움이 있는 곳에 부끄러움도 있다"고 이야기하는 것은 옳지 않고, 부끄러움이 있는 곳에는 두려움도 있지만 두려움이 있는 곳 모두에 부끄러움이 있는 것은 아니라고 해야겠지요. 두려움은 부끄러움보다 범위가 넓다고 생각합니다. 홀수가 수의 부분이어서, 수가 있는 곳에 홀수도 있는 것이 아니라 홀수가 있는 곳에 수도 있는 것이듯이, 부끄러움은 두려움의 부분이니까요. 이제 좀 따라오시겠습니까?

에우튀프론 물론입니다.

소크라테스 아까 질문하면서 내가 한 이야기도 그런 겁니다. 정의로운 것이 있는 곳에 경건한 것도 있습니까? 아니면 경건한 것이 정의로운 것의 부분이어서,[74] 경건한 것이 있는 곳에는 정의로운 것도 있지만 정의로운 것이 있는 곳 모두에 경건한 것이 있는 것은 아닙니까? 이렇다고 주장할까요? 아니면 당신은 달리 주장해야 한다고 생각합니까?

에우튀프론 아닙니다. 그렇게 주장해야지요. 선생님께서 옳은 말씀을 하시는 것으로 보입니다.

소크라테스 그럼 그다음 문제를 보시죠. 경건한 것이 정의로운 것의 부분이라면, 우리는 경건한 것이 정의로운 것의 어떠한 부분인지를 찾아야 할 것 같습니다. 만약 당신이 내게 방금 언급된 것들 중 어떤 것에 대해서 묻는다면, 예컨대 짝수는 수의 어떠한 부분이냐고, 그래서 이 수는 무엇이냐고 묻는다면,[75] 그것은 부등변수가 아니라 이등변수인 것[76]이라고 대답했을 겁니다. 당신은 그렇게 생각하지 않습니까?

에우튀프론   그렇게 생각합니다.

소크라테스   이제 당신도 내게 정의로운 것의 어떠한 부분이 경건한 것인지를 그런 식으로 가르쳐 주도록 해 보십시오. 그래서 멜레토스에게도 다음과 같이 이야기할 수 있도록 말입니다. 신을 공경하는 것들과 경건한 것들, 그리고 그렇지 않은 것들을 우리가 당신에게서 이미 충분히 배웠으니 더 이상 우리에게 부정의한 행동을 하지도 말고 신에 대한 불손죄로 우리에게 공소를 제기하지도 말라고요.

에우튀프론   소크라테스님, 제 생각에는 이런 것 같습니다. 정의로운 것 중에서 신들에 대한 보살핌[77]과 관련된 부분이 신을 공경하는 것이자 경건한 것이고, 인간들에 대한 보살핌과 관련된 부분은 정의로운 것의 나머지 부분입니다.

소크라테스   훌륭하게 이야기한 것으로 보입니다, 에우튀프론. 하지만 나는 아직도 작은 것 하나가 더 필요합니다.[78] 당신이 '보살핌'이라는 말로 어떤 것을 의미하는지 아직 잘 모르겠어요. 당신이 '신들에 대한 보살핌'을 이야기할 때 다른 것들에 대한 보살핌과 똑같은 의미에서 그런 이야기를 하는 것은 분명히 아닐 테니까 말입니다. 예를 들어 봅시다. 우리는 아마 이렇게 이야기할 겁니다. 모든 사람이 말을 보살필 줄 아는 것이 아니라 말 사육사[79]가 그럴 줄 안다고요. 그렇지 않습니까?

에우튀프론 물론입니다.

소크라테스 말 사육술이 아마도 말들에 대한 보살핌일 테니까요.

에우튀프론 예.

소크라테스 또 모든 사람이 개를 보살필 줄 아는 것이 아니라 개 조련사[80]가 그럴 줄 알지요.

에우튀프론 그렇습니다.

소크라테스 개 조련술이 아마도 개들에 대한 보살핌일 테니까요.

b 에우튀프론 예.

소크라테스 목축술은 소들에 대한 보살핌이고요.

에우튀프론 물론입니다.

소크라테스 자 그럼 경건함과 신에 대한 공경이 신들에 대한 보살핌이다, 이렇게 이야기하십니까, 에우튀프론?

에우튀프론 저는 그렇게 이야기합니다.

소크라테스 보살핌이란 모두 다음과 같은 똑같은 것을 이루어 내는 게 아닙니까? 그것은 보살핌을 받는 대상의 어떤 좋음과 이익을 목표로 하지요. 말들이 말 사육술에 의해 보살핌을 받아서 이익을 얻고 더 좋게 된다는 것을 당신도 알고 있듯이 말입니다.

52

아니면 당신에게는 그래 보이지 않습니까?

에우튀프론 그래 보입니다.

소크라테스 개들은 또 개 조련술에 의해서 소들은 목축술에 의해서 그렇게 되고 다른 모든 것들도 마찬가지지요. 아니면 당신은 보살핌이 목표로 하는 것이 보살핌을 받는 대상이 해를 입는 것이라고 생각하십니까?

에우튀프론 제우스 신께 맹세코 저는 그렇게 생각하지 않습니다.

소크라테스 그게 아니라 이익을 얻는 것을 목표로 하지요?

에우튀프론 당연하지요.

소크라테스 그러면 경건함도 신들에 대한 보살핌이니까 신들에게 이익이 되며 신들을 더 좋게 만드는 겁니까? 그래서 당신은 당신이 무슨 경건한 일을 할 때마다 신들 중 누군가를 더 좋게 만든다는 데에 동의하시렵니까?

에우튀프론 제우스 신께 맹세코 저는 동의하지 않습니다.[81]

소크라테스 나도 당신이 그런 이야기를 한다고는 생각하지 않았습니다, 에우튀프론. 전혀 그러지 않았지요. 하지만 이 때문에 내가 또 물은 겁니다. 당신은 도대체 무엇을 신들에 대한 보살핌이라고 이야기하는 거냐고요. 당신이 그런 종류의 보살핌을 이야기하는 것은 아니라고 생각하고서 말입니다.

에우튀프론 맞습니다, 소크라테스님. 그런 종류의 보살핌을 이야기하는 게 아닙니다.

소크라테스　좋아요. 그럼 경건함은 신들에 대한 어떤 보살핌입니까?

에우튀프론　노예들이 주인들을 보살피는 바로 그런 보살핌입니다, 소크라테스님.

소크라테스　알겠습니다. 그건 신들에 대한 일종의 섬기기 기술일 것 같군요.

에우튀프론　정말 그렇습니다.

소크라테스　그러면 의사들에 대한 섬기기 기술이 어떤 일의 성취를 위한 섬기기 기술인지 이야기할 수 있겠습니까? 건강의 성취를 위한 것이라고 생각하지 않습니까?

에우튀프론　그렇게 생각합니다.

소크라테스　조선공들에 대한 섬기기 기술은 어떻습니까? 그건 어떤 일의 성취를 위한 섬기기 기술입니까?

에우튀프론　배 만들기를 위한 것임이 분명합니다, 소크라테스님.

소크라테스　그리고 건축가들에 대한 섬기기 기술은 집 만들기를 위한 것일 테고요?

에우튀프론　예.

소크라테스　그럼 이야기해 보세요, 최고이신 분. 신들에 대한 섬기기 기술은 어떤 일의 성취를 위한 섬기기 기술입니까? 당신은 분명 이것을 알 것입니다. 종교적 문제들을 사람들 중에서 당신이 가장 잘 안다고 주장하시니까 말입니다.

에우튀프론 예. 그리고 제 말이 맞습니다, 소크라테스님.

소크라테스 그럼 제우스신을 앞에 두고 이야기해 보세요. 우리를 섬기는 자들로 삼아서 신들이 성취해 내는 그 완전히 훌륭한[82] 일은 도대체 무엇입니까?

에우튀프론 신들은 많은 훌륭한 것들을 성취해 냅니다.[83] 소크라테스님.

소크라테스 장군들도 그렇지요, 소중한 분. 그래도 당신은 그것들에서 핵심이 되는 것을 쉽게 이야기할 수 있을 겁니다. 장군들은 전쟁에서의 승리를 성취해 낸다고요. 그렇지 않습니까?

에우튀프론 어찌 안 그렇겠습니까?

소크라테스 내 생각엔 농부들도 많은 훌륭한 것들을 성취해 냅니다. 그래도 그들이 성취해 내는 것에서 핵심은 땅에서 나는 양식이지요.

에우튀프론 물론입니다.

소크라테스 자 그럼 신들이 성취해 내는 많은 훌륭한 것들의 경우는 어떻습니까? 그 성취에서 핵심은 무엇입니까?

에우튀프론 이 모든 것들이 어떠한지를 정확하게 배우는 것은 더 큰일에 속한다고 조금 전에도 선생님께 말씀드렸지요, 소크라테스님. 하지만 간단하게 다음과 같이 말씀드리겠습니다. 누군가가 기도하고 제사 지내면서 신들에게 흡족한 것들을 이야기하고 행할 줄 안다면 그가 그러는 것들은 경건한 것들이고, 그러한 것들이 사적으로 가정들과 공적으로 나라의 일들을 구원합니다. 신들에게 흡족한 것들에 반대되는 것들은 신에 대해 불손한 것들로, 이것들은 모든 것을 뒤엎고 파괴하지요.

소크라테스 에우튀프론, 당신이 마음만 먹었더라면, 내가 물은 것의 핵심을 훨씬 더 짧게 이야기했을 겁니다. 하지만 당신은 나를 가르치는 데 열의가 없군요. 그게 분명해요. 지금도 당신은 거의 대답에 도달한 순간에 거기서 돌아서 버렸으니까요.[84] 당신이 그걸 대답해 주었더라면, 당신에게서 내가 드디어 경건함에 대해 충분히 배웠을 텐데 말입니다. 하지만 이제, 질문하는 사람은 질문받는 사람이[85] 이끄는 대로 어디든 그를 따라갈 수밖에 없지요. 그럼 다시, 당신은 경건한 것과 경건함이 무엇이라고 하는 겁니까? 제사 지내고 기도하는 것에 대한 일종의 앎이라고 하는 것 아닙니까?

에우튀프론 그렇습니다.

소크라테스 제사 지내기는 신들에게 선물을 주는 것이고 기도하기는 신들에게 요청하는 것 아닙니까?

에우튀프론 물론 그렇습니다, 소크라테스님.

소크라테스 그럼 이 논의에 따르면 경건함은 신들에게 요청하는 것과 주는 것에 대한 앎이겠군요.

에우튀프론 제가 이야기한 것을 아주 잘 이해하셨습니다, 소크라테스님.

소크라테스 소중한 분, 내가 당신의 지혜를 열망하고 있고 당신이 이야기하는 것은 무엇이든 땅에 떨어지지 않도록 거기에 집중하고 있어서 그렇답니다. 그건 그렇고, 내게 말해 주세요. 무엇이 신들에 대한 이러한 섬기기입니까? 그들에게 요청도 하고 주기도 하는 것이라고 주장하십니까?

에우튀프론 그렇게 주장합니다.

소크라테스 그런데 올바로 요청하기란 그들에게서 우리가 필요한 것들을 요청하는 것이 아니겠습니까?

에우튀프론 물론이지요.

소크라테스 올바로 주기란 또한 그들이 우리에게서 필요한 것들을 이번에는 우리가 그들에게 선물로 갚아 주는 것이겠군요? 누군가에게 전혀 필요하지 않은 것들을 선물로 주는 것은 그다지 기술적인 게 못 될 테니까요.

에우튀프론 맞는 말씀입니다, 소크라테스님.

소크라테스 에우튀프론, 그럼 경건함은 신들과 인간들 사이에서의 일종의 상거래 기술이겠군요.

에우튀프론 그렇게 부르는 것이 더 즐거우시다면,[86] 예, 상거래 기술 맞습니다.

소크라테스 하지만 참이 아니라면 어떤 것도 내게 더 즐겁지 않습니다. 하여간 내게 말해 보세요. 신들이 우리들에게서 받는 선물들로부터 신들에게 어떤 이익이 있습니까? 신들이 주는 것들이 무엇인지는 모두에게 명백하지요. 그들이 주는 것이 아니면 어떤 것도 우리에게 좋은 것이 아니니까요. 그런데 그들이 우리들에게서 받는 것은 어떻습니까? 그들이 거기서 어떤 이익을 얻습니까? 아니면 우리가 그토록 더 유리하게 그들과 상거래를 해서, 우리는 그들에게서 모든 좋은 것을 받지만 그들은 우리에게서 아무것도 받지 않는 겁니까?

에우튀프론 하지만, 소크라테스님, 우리들에게서 받는 것들로부터 신들이 이익을 얻는다고 생각하시나요?[87]

소크라테스 에우튀프론, 그러니까 신들에게 드리는 우리의 선물들이란 게 도대체 무엇이겠습니까?

에우튀프론 명예와 명예의 징표,[88] 그리고 조금 전에 제가 얘기한 흡족함[89] 말고 뭐라고 생각하세요?

b 소크라테스 에우튀프론, 그럼 경건한 것은 신들에게 흡족한 것이지만, 그들에게 이익이 되거나 사랑스러운 것은 아니군요?[90]

에우튀프론 제 생각으로는 무엇보다도 사랑스러운 것입니다.

소크라테스 그럼 경건한 것은 또한 그런 것이겠군요. 신들에게 사랑스러운 것이요.

에우튀프론 물론입니다.

소크라테스 아니 그런 이야기를 하면서, 당신 이야기들이 제자리에 머물러 있는 것이 아니라 돌아다니는 것으로 드러난다고 해서 놀라워할 겁니까? 그리고 그것들을 돌아다니게 만드는 다이달로스가 나라고 탓할 겁니까? 당신 자신이 다이달로스보다 훨씬 더 기술적이어서 당신은 그것들이 한 바퀴 돌아서 오도록 만들기도 하면서 말입니다. 아니면 우리의 논의가 빙 돌아서 다시 제자리로 왔다는 것을 보지 못하십니까? 당신은 아마 앞에서 경건한 것과 신의 사랑을 받는 것이 동일한 것이 아니라 서로 다른 것으로 드러났다는 것을 기억하실 텐데요. 아니면 기억하지 못하십니까?

에우튀프론 기억합니다.

소크라테스 그러면 지금 당신이 신들에게 사랑스러운 것이 경건한 것이라고 주장하고 있다는 것을 이해하지 못하십니까? 그게 '신의 사랑을 받는 것'과 다른 어떤 것인가요, 아닌가요?

에우튀프론 물론 아닙니다.

소크라테스 그럼 아까 우리가 동의를 잘못했거나, 그때 그게 잘한 거라면 지금 우리가 옳지 않은 제안을 하고 있는 것 아닙니까?

에우튀프론 그런 것 같네요.

소크라테스 그러니 경건한 것이 무엇인지 처음부터 다시 살펴보아야 되겠습니다. 나는 그것을 배우기 전에 자진해서 물러서지는 않을 테니까요. 그러니 나를 무시하지 말고 가능한 한 모든 면에서 집중을 하셔서 이제 내게 참된 것을 말해 주시죠. 다른 어떤 사람보다도 당신이 그걸 알고 있을 테고, 프로테우스 신[91]처럼 당신은 말하기 전에는 풀려나지 않을 겁니다. 당신이 경건한 것과 불경한 것을 분명하게 알고 있지 않았더라면, 삯꾼인 사람을 위해서 연로하신 아버지인 사람을 살인죄로 고소하려 했을 리가 없습니다. 오히려, 그 일을 하는 것이 옳지 않을지도 모르는 위험 때문에, 신들을 두려워하고 또 사람들 앞에 창피해했을 겁니다.[92]

e 당신이 경건한 것과 그렇지 않은 것을 분명하게 안다고 생각한다는 것을 나는 지금 잘 알고 있습니다. 최고로 뛰어난 에우튀프론, 그러니 그게 뭐라고 생각하는지를 감추지 말고 이야기해 주시죠.

에우튀프론 다음번에요, 소크라테스님. 지금은 제가 어딘가 급히 가야 하는데요, 떠날 시간이 되었습니다.

소크라테스 지금 뭐 하는 겁니까, 동료분? 내가 가졌던 큰 희망으로부터 나를 내동댕이치고 떠나다니요. 당신에게서 경건한 것들과 그렇지 않은 것들을 배워서 멜레토스의 공소로부터 벗어나

16a 려고 했는데요. 에우튀프론에게 배워서 내가 이미 종교적 문제들과 관련해서 지혜로워졌고, 더 이상 무지 때문에 그 문제들에 관해서 되는 대로 행동하거나 새로운 짓을 꾀하지 않으며, 또한 남은 생을 더 나은 삶으로 살아가리라는 것을 그에게 보여 주어서 말입니다.

주석

1   무슨 새로운 일 : '새로운 일'에 해당하는 그리스어 neōteron은 관용적으로 예기치 못한 일이나 나쁜 일을 나타내는 뉘앙스를 갖는다. 그래서 '무슨 새로운 일이 생겼나요'라고 번역한 문장은 '무슨 일이라도 났나요'라는 식으로 번역하는 것도 가능하다. 그리고 표면적인 맥락을 고려하면, 후자의 번역이 더 어울려 보이기도 한다. 바로 뒤에 이어지는 이야기에서 알 수 있듯이, 소크라테스가 왕 통치관의 주랑건물 근처에 오는 경우는 거의 없었기 때문에 에우튀프론이 여기에서 소크라테스를 만난 것은 그에게는 뜻밖의 일이었다. 또한 소크라테스가 공소 제기를 당했고 당대의 독자나 현재의 독자 모두가 알다시피 이후 재판에서 소크라테스는 사형을 구형받게 되니, '네오테론'이라는 말이 나쁜 일을 나타내는 뉘앙스를 갖는 것도 여기에 직접적으로 적용된다고 할 수 있겠다. 하지만, '무슨 새로운 일'이라는 표현이 『에우튀프론』을 시작하는 말이라는 점을 고려하면, 저자인 플라톤이 보다 중층적인 의도를 가지고 이런 표현을 사용했을 가능성도 있다. 고대 그리스 문학 작품들 중에는 그 작품의 처음 몇 단어가 작품 전체의 분위기와 주제를 시사하는 경우들이 있다. "분노를 노래하라"로 시작하는 호메로스의 『일리아스』

가 아킬레우스의 분노를 주제로 하고 있다는 것이 대표적인 예라고 할 수 있겠다. 플라톤의 대화편들 중에서도 이와 비슷하게 처음 한두 단어가 작품 전체의 주제를 시사하는 역할을 수행하는 경우들이 있다. 예를 들어, 영혼이 바로 자기 자신이라는 주제의 『파이돈』은 '자기 자신'이라는 말로 시작하고, 우주의 수학적 질서를 역설하는 『티마이오스』는 '하나, 둘, 셋'으로 시작하고, 정의로운 철학자들이 현실 참여를 위해 내려가도록 강제되어야 한다는 『국가』는 (소크라테스가) '내려갔다'는 말로 시작하는 식이다. 『에우튀프론』에서 소크라테스는 자신이 전통적인 신화 속의 이야기들을 받아들이지 않는다는 사실을 밝히고 있다(6a). '나라가 믿는 신들을 믿지 않고 새로운 신령스러운 것들을 도입한다'는 것이 소크라테스의 공식적인 기소 내용에 포함되어 있다는 점에서 이러한 사실은 다소 의미심장한데, 정작 소크라테스가 재판정에서 제시한 변론 내용을 다루고 있는 『소크라테스의 변명』에는 이와 관련한 논의가 빠져 있다. 그리고 이와 관련한 변론은 어떤 의미에서는 『에우튀프론』에서 제시되고 있다고 볼 수 있다. 소크라테스의 죄목인 불경죄가 성립하기 위해서는, 전통적인 신화들을 믿지 않는 것이 나라가 믿는 신들을 믿지 않는 것에 해당하는지, 또 거기에 해당한다고 하더라도 그것이 신들에 대한 불경인지가 먼저 밝혀져야 할 것이다. 그리고 이것을 밝히는 것은 결국 '경건이란 무엇인가'의 문제를 밝히는 일이 되며, 『에우튀프론』은 바로 그 주제를 다루는 것이다. 소크라테스는 분명 신들과 관련해서 전통적인 믿음과는 다른 생각을 가지고 있다. 그의 생각이 어떤 점에서 다른지, 그리고 그의 생각과 삶이 불경스러운 것인지 아닌지 등을 살펴보는 것은 바로 그것이 '무슨 새로운 것(ti neōteron)'인지를 살펴보는 것이 된다.

2 으레 시간을 보내시던 뤼케이온 근방 : 아테네 성벽 밖에는 큰 신체단련장(gymnasion)이 셋 있었는데 그중 하나가 뤼케이온이었다. 나머지 두 곳은 플라톤이 나중에 자신의 학교를 세우게 되는 아카데메이아와 소크라테스의 제자들 중 플라톤의 라이벌 격이었던 안티스테네스가 주로

활동했던 퀴노사르게스였다. 뤼케이온은 물론 나중에 아리스토텔레스가 자신의 학교를 세우게 되는 장소이다. 소크라테스가 주로 뤼케이온 근방에서 젊은이들과 대화하면서 지냈다는 것은 플라톤의 『에우튀데모스』 271a, 『향연』 223d, 『뤼시스』 203a 등에서도 볼 수 있다.

3   왕 통치관 : '통치관'이라고 번역한 archōn은 통치하는 사람을 뜻하는 말로 아테네에서는 통치를 담당하는 9명 관리의 명칭으로도 사용되었다. 음차해서 그냥 '아르콘'이라고 하거나 '집정관'이라는 번역어가 사용되기도 하지만, 여기에서는 '통치관'이라는 번역어를 사용하기로 한다. 소크라테스가 활동하던 기원전 5세기의 통치관 체제는 대략 기원전 7세기 정도까지 거슬러 올라간다. 그 이전에는 통치관의 수도 더 적었고 임기도 10년이었던 것으로 보이지만, 기원전 683년에 아테네는 임기가 1년인 9명의 통치관 체제를 도입한다. 아테네의 민주정이 공식적인 모습을 갖추게 되는 클레이스테네스의 개혁(기원전 508년) 이후 5세기에 들어서면 매년 투표를 통해 선출되는 10명의 장군들이 보다 큰 정치권력을 행사하게 되고, 이에 따라 487년 이후에는 통치관들이 투표가 아니라 추첨에 의해서 선출되게 된다. 9명의 통치관들은 3명의 주요 통치관과 6명의 부(副)통치관으로 이루어진다. 서열 1위의 통치관은 그냥 'archōn'이라고 불렸으며, 이 사람의 이름이 아테네에서 연도를 구별하는 연호의 역할을 했기 때문에 나중에는 'archōn eponymos' ('명칭 통치관', 혹은 '연호 통치관' 정도로 번역할 수 있겠다)라고 불리기도 했다. 우리가 '왕 통치관'이라고 번역하고 있는 archōn basileus는 이름으로 보자면 서열 1위가 맞을 것 같지만 사실은 서열 2위였다. 서열 1위 통치관이 단순히 'archōn'이라고 불렸던 것과 비슷하게 왕 통치관은 보통 단순히 '왕(basileus)'이라고 불렸고, 사실은 우리의 본문에서도 'archōn basileus'가 아니라 단순히 'basileus'라고 되어 있지만, 불필요한 혼란을 피하기 위해서 '왕'이 아니라 '왕 통치관'이라고 번역하였다. 왕 통치관은 종교 의례 등을 담당했으며 『에우튀프론』에서 볼 수 있듯이 살인죄를 비롯해서 종교적인 성격을 갖는 범죄(인간의 생명을 빼앗는

일은 절도죄와 같은 단순한 범죄와 달리 취급되었다)의 송사를 담당하기도 했다. 서열 3위는 'polemarchos'('전쟁 통치관' 정도로 번역될 수 있겠다)라고 불렸으며, 처음에는 이름대로 전쟁의 지휘관 역할을 수행했으나 나중에 장군들이 이 역할을 담당하게 되자 법률적인 일과 행정적인 일들만을 담당하게 된다. 예컨대, 이방인과 관련한 송사는 폴레마르코스가 담당하였다. 6명의 부통치관들은 'thesmothetēs'('법령제정자' 정도로 번역할 수 있는 말이다)라고 불렸으며, 주요 통치관들이 담당하지 않는 송사나 법률적인 일들은 이들이 담당했다.

4 **왕 통치관의 주랑건물** : 왕 통치관이 집무를 보던 장소로 아고라의 북서쪽에 위치하고 있다. 아테네의 주요 법률이 돌에 새겨져 이 건물 앞에 놓여 있었고, 테미스 여신의 동상이 건물 앞에 세워져 있었다. 새로운 관리들은 이 건물에서 법률을 지키겠다는 서약을 했으며, 아레오파고스 평의회가 이곳에서 열리기도 했다. 도편추방 투표가 이 앞에서 이루어졌다는 설도 있다.

5 **소송이라고 부르지 않고 공소라고** : '소송'에 해당하는 그리스어 dikē는 원래 소송 일반을 가리키는 말이지만, 사적인 소송(dikē idia)만을 가리키는 좁은 의미로 사용되기도 한다. 피해 당사자만이 소송을 제기할 수 있는 사적인 소송과 달리, 공적인 소송(dikē demosia)은 성인 남성이면 누구든 소송을 제기할 수 있었다. 공적인 소송들 중에는 (그리고 어쩌면 사적인 소송들 중에도) 특수한 절차를 따르며 특수한 명칭으로 불리는 다양한 소송절차가 있었다. 하지만 일반적인 절차를 따르는 공적인 소송은 'graphē'라고 불렸으며, 여기에서 '공소'라고 번역한 그리스어가 바로 graphē이다. graphē는 원래 '쓰기' 혹은 '쓰여진 것'이라는 의미로, (특수한 절차가 마련되어 있지 않은) 공적인 사건에 대해 원하는 사람 누구나 서면을 통해 기소할 수 있는 제도를 기원전 6세기 초에 솔론이 도입하면서 이러한 소송에 이 명칭이 부여된 것으로 추정된다. 하지만 후대에 가면 모든 소송에서 소송 제기가 서면으로 이루어지게 되기 때문에, 어원적 의미와 달리 서면 소송 제기는 그라페에 고유한 특징이라고

할 수 없다.

6 **생각할 수 없으니까요** : 여기에서 '생각하다'라고 번역한 그리스어 katagignōskein은 '나쁜 일을 한 것으로 판단하다/비난하다'라는 부정적인 뉘앙스를 가진다. 그래서 해당 본문은 "선생님이 다른 누구에 대해 공소를 제기했다고 비난할 일은 없을 테니까요"라고 번역될 수도 있다. 아버지를 상대로 소송을 제기한 에우튀프론이, 누군가에게 공소를 제기하는 것에 대해 부정적인 뉘앙스의 단어를 사용하는 것은 다소 의아한 일이다. (그리고 『에우튀프론』에 대한 주석가들이 여기에 대해 아무런 언급이 없는 것도 다소 의아한 일이다.) 에우튀프론의 의도(혹은 에우튀프론이 이런 식으로 이야기하도록 만든 저자 플라톤의 의도)를 정확하게 파악하기란 어렵지만, 그 의도를 짐작하는 데 어쩌면 도움이 될지도 모르는 사실을 몇 가지만 이야기해 본다. 우선, 에우튀프론이 제기하는 소송은 공소(graphē)가 아닐 가능성이 높다. 오늘날 살인과 관련한 재판은 민사 재판이 아니라 형사 재판이고 에우튀프론의 아버지 고발은 살인죄에 대한 고발이기 때문에, 오늘날의 독자는 에우튀프론의 소송이 당연히 공소였을 것이라고 생각하기 쉽다. 하지만 당시 아테네에서는 특수한 경우를 제외하고는 살인과 관련한 소송은 사적인 소송(dikē idia)에 해당하였다. (사실 에우튀프론의 소송에는 몇 가지 특별한 점이 있어서 이 소송이 당시의 아테네 법에 따라 적법한 것인지 여부 자체가 논란거리이다. 이와 관련해서는 주 28을 참조하라.) 에우튀프론의 소송이 공소가 아니라면, 에우튀프론이 자기 자신은 소송을 제기하면서도 누군가가 공소를 제기하는 것에 대해 부정적인 생각을 가지고 있는 것이 특별한 문젯거리가 되지 않을 수도 있다. 물론 이 경우에도 그가 왜 적어도 공소를 제기하는 것에 대해서는 부정적인 생각을 가지고 있는지는 여전히 의문거리일 수 있겠다. 이와 관련해서 당시에 공소를 제기하는 사람들이 일반적으로 어떤 사람들이었는지를 살펴볼 필요가 있다. 아테네에는 검사 제도라는 것이 존재하지 않기 때문에, 몇 가지 특수한 범죄와 관련해서 공적인 소송을 제기할 수 있는 특별한 관리가 있었던 것을 제외하면,

일반인 자원자가 공적인 소송을 제기해야 했다. 그리고 일반인들이 자원해서 공적 소송을 제기할 동기를 부여하기 위해서, 많은 경우 공적 소송을 제기해서 승소한 사람에게 보상이 주어지는 제도가 있었다. 그런데 기원전 5세기 후반에 가면 이러한 제도를 악용하는 전문 고소꾼들이 등장하게 된다. 이들은 승소했을 때의 보상을 노리기도 했지만 소송을 제기하고 나서 뇌물을 받고 소송을 취하하는 식으로 사적 이득을 취하기도 했다. 이러한 전문 고소꾼을 지칭하는 sykophantēs라는 명칭이 만들어지기도 했으며(아리스토파네스의 희극들에는 쉬코판테스들에 대한 풍자가 종종 등장한다), 이런 사람들이 무고를 자행하는 것을 막기 위한 제도들이 도입되기도 한다. 에우튀프론이 공소를 제기하는 사람들에 대한 부정적인 인상을 가지고 있는 것은 이런 이유 때문일 가능성이 있다.

7 **멜레토스**: 우리는 멜레토스 외에도 아뉘토스와 뤼콘이 함께 소크라테스를 고소했다는 것을 알고 있다. 하지만 지금 구절에서 볼 수 있듯이 소크라테스의 주 고소자는 멜레토스였다. 어쩌면 멜레토스는 '좀 어리고 그다지 알려지지 않은 사람'이어서 아뉘토스와 뤼콘을 보조 고소자로 필요했는지도 모르겠다. 『소크라테스의 변명』 23e에 멜레토스가 시인을 대변해서 소크라테스를 고소했다는 이야기가 있고 아리스토파네스의 『개구리』에 멜레토스라는 비극시인이 풍자되는데, 이를 근거로 양자가 동일인물이라고 주장하는 사람들이 있었다. 하지만 소크라테스의 재판이 이루어질 당시에 '좀 어리고 그다지 알려지지 않은 사람'이 그보다 먼저 상연된 것이 분명한 작품에서 풍자까지 될 정도였다고 생각하기는 어렵다. 멜레토스가 시인을 대변했다는 이야기는 그의 가문에 시인이 있었다는 이야기일 수 있고, 어쩌면 아리스토파네스가 풍자한 멜레토스는 소크라테스를 고소한 멜레토스의 아버지였을 수도 있다. 하지만 이것 역시 분명한 것은 아니다. 한편, 소크라테스가 불경죄로 고소된 것과 같은 해(기원전 399년)에 안도키데스라는 사람을 불경죄로 고소한 멜레토스라는 사람이 또 있었다. 그리고 이 양자가 같은 사람이

라고 주장하는 사람들도 있다. 하지만 여러 가지 정황상(예컨대, 안도키데스의 고발자 멜레토스는 소크라테스와 함께 레온을 체포하라는 명령을 받은 바 있는 사람이었다), 안도키데스의 고소자인 멜레토스가 소크라테스를 고소한 멜레토스와 같은 인물이 아니었을 가능성이 더 높아 보인다.

8 **피트토스 구민** : 아테네는 '데모스(dēmos)'라고 불리는 행정구역들로 나뉘어 있었다. 민주주의를 뜻하는 dēmokratia는 어원적으로 '데모스에 사는 사람들의 지배' 정도의 의미를 갖는다. 피트토스는 그러한 행정구역들 중 하나의 이름이다.

9 **돌보는** : 여기서 '돌보다'라고 번역한 epimeleisthai의 과거 부정형인 epimelēthenai와 과거 분사형인 epimelētheis는 멜레토스(Melētos)와 발음이 비슷하다. 이 문장과 다음 문장들에서 '돌보다'의 과거 부정형과 분사형이 반복적으로 등장하는 것은 일종의 언어유희이다. 플라톤의 대화편들에는 이런 식의 언어유희가 빈번하게 등장한다.

10 **근간** : '근간'이라고 번역한 말은 hestia이다. 헤스티아는 원래 화덕을 나타내는 말이며, 그리스에서는 불씨를 보호하는 화덕이 가정의 중심으로 생각되었기 때문에 의미전성을 통해서 가정을 의미하는 말로 사용되기도 했다. 또한 가정마다 화덕을 가지고 있었던 것처럼 각 폴리스는 오늘날로 치면 정부 청사 정도에 해당하는 프뤼타네이온(prytaneion) 안에 공공의 화덕을 가지고 있었다. 그리고 식민 도시를 건설할 경우에는 이 공공의 화덕으로부터 불씨를 식민 도시로 옮기는 의식을 거행할 정도로 당시 그리스인들은 공공의 화덕을 나라의 중심으로 간주했었다. 한편 헤스티아는 화덕의 여신 혹은 화덕 안의 불씨를 보호하는 여신의 이름이기도 하다. 헤스티아 여신은 크로노스와 레아 사이에서 태어난 첫 번째 자식으로 크로노스는 헤스티아를 제일 먼저 삼키고 제일 나중에 토해 내었다. 제우스가 크로노스와 레아 사이에서 마지막으로 태어난 자식이고 크로노스가 제우스 대신 삼킨 돌을 제일 먼저 토해 내기 때문에 제우스는 종종 첫 번째 자식이자 마지막 자식이라고 이야기된다. 그렇다면 헤스티아는 그 반대의 의미에서 첫 번째 자식이자 마지

막 자식이라고 할 수 있다. 그리스에서 모든 제사의 시작과 끝에는 헤스티아 여신에게 제주를 바쳤다고 한다. 제우스와 남매간이면서도 헤스티아는 올림포스산의 12신을 거론할 때 거기에 포함되지 않는 경우가 많다. (올림포스 12신의 리스트는 그때그때마다 조금씩 다른데, 보통 헤스티아 대신 디오뉘소스를 포함시키는 것이 더 일반적이다.) 그 이유는 아마도 하데스가 저승의 신이어서 포함되지 않는 것과 비슷하게 헤스티아는 가정과 너무 가깝기 때문에 올림포스산에 거주하는 신들 중 하나로 간주되지 않아서였을 것이다. 그래서 헤스티아와 관련한 신화는 별로 없음에도 불구하고 그리스인들의 실제 생활에서는 어떤 의미에서 가장 가까운 신이 헤스티아였을 수 있다. 우리의 번역에서 기본 텍스트로 삼고 있는 OCT는 본문에서 hestia를 소문자로 표기해서 화덕의 의미로 보고 있지만, 다른 텍스트들 중에는 대문자로 표기해서 헤스티아 여신을 의미하는 것으로 보는 경우가 있다. 하지만 화덕으로 보든 헤스티아 여신으로 보든, 본문에서 전달되고 있는 의미가 나라를 그 근간에서부터 맞춰 놓는다는 것이라는 점에는 차이가 없다.

11 **놀라우신 분** : 그리스어는 호격의 사용이 발달한 언어이다. 특히 플라톤은 의미를 가지는 명사나 형용사를 자주 호격으로 사용하여 그 상황에 대한 자신의 느낌이나 상대방에 대한 반어적인 뉘앙스를 전달하곤 한다. 우리말에서는 사용하지 않는 표현방식이어서 다소 어색하게 느껴질 수 있지만, 이 구절만이 아니라 이후 비슷한 구절들에서도 의미를 가지는 호격이나 감탄사 등은 가능하면 그 의미를 살리는 방식으로 번역하였다.

12 **신령스러운 것** : 소크라테스에게 신령스러운 것(to daimonion)이 나타난다는 이야기는 플라톤의 다른 대화편들에서도 많이 언급된다. 다른 대화편들에서는 종종 '신령스러운 신호(to daimonion sēmeion)'(『국가』 496c, 『에우튀데모스』 272e, cf. 『파이드로스』 242b), 혹은 '신의 신호(to tou theou sēmeion)'라는 표현이 사용되기도 하는데, 이 신호는 목소리의 형태로 나타나서 소크라테스가 부적절한 행동을 하지 못하도록 막는 역

할을 했다고 한다(『소크라테스의 변명』 31c-d, 40a-c). 소크라테스는 자신이 정치적 활동을 피한 이유를 바로 이 신령스러운 신호가 말렸기 때문이라고 이야기한다(『소크라테스의 변명』 31d). 신령스러운 신호 외에 소크라테스는 특별한 꿈들을 꾸기도 하는데, 말리기만 하는 신령스러운 신호와 달리 꿈은 '시가를 짓고 그것을 일삼으라'는 명령을 하기도 한다(『파이돈』 60e).

13 종교적 문제들 : '종교적 문제들'이라고 번역한 그리스어는 ta theia이다. 이 말의 문자 그대로의 의미는 '신적인 것들'이라는 뜻이다. 그리스어에는 '종교'에 해당하는 단어가 따로 있지 않았고, ta theia라는 표현으로 그 의미를 전달하였다.

14 미쳤다면서 : 조금 뒤에 이야기되듯이(3e) 에우튀프론은 예언가이다. 예언가에 해당하는 그리스어는 mantis이며, 예언술에 해당하는 그리스어는 mantikē이다. 플라톤의 여러 대화편에서 소크라테스는 예언술과 광기(mania)를 연결 짓는다. 『파이드로스』 244c에서는 심지어 'mantikē(예언술)'의 원래 표기는 'manikē'('광기의 기술' 정도로 번역할 수 있겠다)이었다는 이야기를 하기도 한다. 그리스에서 예언술은 신들려서 예언을 하는 직접 예언술과 이러저러한 징조를 관찰하고 그것을 바탕으로 미래를 예언하는 간접 예언술이 있었다. 후자는 점술이라고 할 수 있을 텐데, 단언하기는 어렵지만 에우튀프론은 후자를 행했던 것으로 보인다.

15 맞서야 합니다 : '맞서야 한다'로 번역한 그리스어 homose ienai의 어원적인 뜻은 '동일한 장소로 가다' 정도가 된다. 숙어적으로 '적과 근접전을 벌이다'라는 의미를 가지며, 의미 전성을 통해 '맞서다'라는 의미를 가질 수도 있다.

16 선생님 소송을 마음에 들게 잘 진행하실 것이고 : 독자들은 소크라테스의 재판이 어떤 결말을 맞게 되는지를 잘 알고 있다. 물론 에우튀프론이 소크라테스의 재판이 잘 진행될 것이라고 이야기하는 것은 예언이라기보다는 덕담에 가까운 이야기일 것이다. 하지만 '당신들 예언가들을 빼면 누구도 장담할 수 없을 겁니다'라는 소크라테스의 이야기 바로 다음

에 에우튀프론이 이런 이야기를 하도록 만든 것은, 자신이 예언한 것이 하나도 틀린 적이 없다는 에우튀프론의 주장의 신빙성을 의심하게 만드는 효과가 있다고 하겠다.

17 당신은 쫓기는 쪽, 즉 피고입니까, 아니면 쫓는 쪽, 즉 원고입니까? : 그리스어 원문은 단순히 "당신은 피고입니까, 원고입니까?"로 번역될 수 있는 말이다. 그런데 그리스어에서 '피고이다'와 '원고이다'에 해당하는 말들인 pheugein과 diōkein은 재판의 맥락이 아니라 일상적 맥락에서는 각각 '도망치다'와 '쫓아가다'의 의미로 사용되는 말이다. 바로 뒤에서 소크라테스는 일상 어법상의 의미와 법정 맥락에서의 의미 차이를 이용한 언어유희를 부리는데, 그의 언어유희를 이해할 수 있도록 중복이지만 양쪽 의미를 모두 드러내는 식으로 번역했다.

18 날아다니는 누군가를 쫓고 있습니까? : 소크라테스의 언어유희는 한편으로는 주 17)에서 이야기한 diōkein의 중의성을 활용한 것이지만, 다른 한편으로는 '헛된 일을 한다'는 뜻으로 당대에 사용되었던 '날아다니는 것들을 쫓는다'는 속담을 활용한 것이기도 하다.

19 헤라클레스 맙소사 : 그리스인들은 신을 부르는 감탄사를 많이 사용하였다. 보통은 제우스 신을 부르는 경우가 많았지만, 상황에 따라서 아폴론 신이나 헤라 여신 등 다른 신들을 부르기도 했다. 헤라클레스는 여기서와 마찬가지로 강한 놀람을 나타낼 때 불렀던 것으로 보인다. (그러한 뉘앙스를 전달하기 위해서 '맙소사'라는 표현을 추가하였다.) 헤라클레스는 우리가 잘 아는 영웅이지만, 헤라클레스의 신격화와 독자적인 헤라클레스 숭배(cult)는 그리스의 여러 곳에서 성행했다고 한다. 주 10에서 올림포스 산의 12신의 리스트가 그때그때 달랐다고 이야기했는데, 후대에 가면 이 리스트에 심지어 헤라클레스가 포함되는 경우도 있었다.

20 아마 대중들은 분명 도대체 어떻게 하는 것이 옳은지 모를 겁니다, 에우튀프론. 그런 일을 옳게 하는 것은 아무나 할 수 있는 게 아니라고 생각합니다 : 텍스트와 관련해서 논란이 많은 부분이다. 하이델(Heidel)은 첫 문장

에서 '아버지를 고소하는 것이' 정도의 내용이 누락되었다고 본다. 이 경우 첫 문장은 '대중들은 아버지를 고소하는 것이 어떻게 옳은지 모를 겁니다' 정도의 내용이 된다. 아담(Adam)은 첫 문장에서 '옳은지'에 해당하는 말을 삭제하고 동사의 형태를 2인칭으로 바꾼다. 이 경우 첫 문장은 '대중들은 당신의 처지를 모를 겁니다'라는 뜻이 된다. 버넷(Burnet)은 첫 문장을 그대로 놔두고 다음 문장에서 '옳게'에 해당하는 말을 삭제한다. 이 경우 이 문장은 '그런 일은 아무나 할 수 있는 게 아니라고 생각합니다'라는 뜻이 된다. 대부분의 번역은 구판 OCT인 버넷의 수정을 받아들인다. 하지만 우리의 번역에서 기본 텍스트로 삼고 있는 신판 OCT는 전해 내려오는 사본들을 수정 없이 그대로 받아들였고, 우리의 번역(과 기존의 몇몇 번역)도 이를 따랐다.

21 **남을 위해서 그분을 살인죄로 고소하지는**: 오늘날의 독자들에게는 소크라테스의 지금 이야기가 소크라테스답지 않은 이야기이고 바로 뒤의 에우튀프론의 반응이 오히려 소크라테스다운 반응이라고 생각될 수 있겠다. 그리고 그런 생각은 충분히 일리 있는 것이다. 하지만 재판과 관련한 아테네의 법과 관행을 고려하면 그런 생각이 어느 정도는 완화될 수 있을지도 모른다. 주 6에서 이야기했듯이, 아테네에서 살인죄와 관련한 소송은 기본적으로 사적 소송이었다. 사적인 소송은 피해 당사자만이 소송을 제기할 수 있었는데, 살인죄의 경우 피살자가 소송을 제기할 수는 없을 테니 피살자의 가족이나 친지가 소송을 제기해야 했다. 그리고 일반적인 살인 관련 소송의 경우에는 가족만이 소송을 제기할 수 있는 권리가 있었다. 가족이 아닌 사람이 살인 관련 소송을 제기할 수 있는 경우가 어떤 경우들이었으며 관련 절차는 어떤 것들이 있었는지에 대해서는 아직까지도 역사학자들 사이에서 상당한 논란이 있지만, 그런 경우가 있었던 것만은 분명한 사실이다. 소크라테스가 피살자가 에우튀프론의 집안사람이었는지 여부를 묻는 것 자체가 이미, 죽은 사람이 남인 경우에 소송을 제기하는 것이 가능했다는 것을 함축한다. 다만, 그런 것이 가능하기는 했다고 하더라도 일반적인 경우는 아

니었다는 것은 기억할 만하다. 또한 역시 주 6에서 이야기했듯이, (아마도 전문고소꾼들의 등장의 영향으로) 사건관련 당사자가 아닌 사람들이 소송을 제기하는 것에 대해 당대에 부정적인 견해가 퍼져 있었을 가능성이 있으며, 2b에서 에우튀프론과 소크라테스가 하는 이야기를 통해 짐작하자면, 이 두 사람도 그러한 부정적인 견해를 공유하고 있을 가능성이 있다. 이와 관련해서 당시에 검사제도가 없었다는 것도 기억할 만한 일이다. 소송을 제기한 사람은 단순히 고발을 하고 마는 것이 아니라 복잡한 재판 과정을 거치면서 검사의 역할을 모두 담당해야 했던 것이다. 사건과 상관이 없는 남이 나서서 고소를 진행하는 것이 특별히 명예롭거나 훌륭한 일로 간주되지도 않는 상황에서, 일반적으로 가족 영역의 문제였던 살인 사건(이와 관련해서 주 24도 참조할 수 있다)에 대해, 소크라테스처럼 인간애를 가지고 있지도 않은 에우튀프론이(3d) 남을 위해 아버지를 고소한다면, 그것은 적어도 상당히 특이한 일인 것은 분명하다.

22 **해야 하는 것이죠** : 원문은, 이렇게 생각하지 않으면 우스운 일이라는 문장이 여기까지(그리고 사실 그다음 문장까지도) 이어지는 것이지만, 문장이 너무 길어지는 것을 피하기 위해서 문장을 나누었다.

23 **같은 집에 살고** : 해당 그리스어 synestios는 원래 헤스티아, 즉 화덕을 공유하는 사람이라는 뜻이다.

24 **같은 식탁에서 식사를 하는 사람인 경우라면** : 해당 그리스어는 '같은 식탁에서 식사를 하는 경우라고 하더라도'라는 식으로 양보적으로 번역할 수도 있다. 하지만 고소를 해야 하는 이유로 제시된 그다음 문장의 내용을 보면, 잘못을 범한 사람이 자신의 식구라고 하더라도 고소를 해야 한다는 것이 아니라 자신의 식구일 경우야말로 고소를 해야 한다는 뜻으로 이해하는 것이 더 적절해 보인다. 에우튀프론은 자신의 식구의 잘못을 정화시키지 않을 경우에 자기 자신에게도 부정함이 생긴다고 이야기하고 있는데, 아마도 모르는 사람을 고소를 통해 정화시키지 않을 경우에도 자기 자신에게 부정함이 생긴다고 그가 생각하지는 않았

을 것이다. 우리가 '부정함'이라고 번역하고 있는 miasma는 그리스 문화를 이해하는 데 있어 중요한 개념이다. 죽음과 살인, 성적 일탈 등이 대표적으로 미아스마를 야기할 수 있는 것들이고, 야기된 미아스마는 전염될 수 있으며, 정화를 통해서 제거되어야 한다. 미아스마의 전염은 나라 전체에 영향을 미치는 광범위한 것일 수도 있고(예컨대, 소포클레스의 『오이디푸스 왕』은 나라 전체를 파국의 상태에 빠뜨린 미아스마의 원인을 찾으려는 것으로부터 이야기가 시작된다), 특정한 사람들에게 전염되는 선택적인 것일 수도 있다(예컨대, 시체와의 접촉에 따른 미아스마의 전염이 대표적인 경우다). 에우튀프론이 이야기하는 미아스마는 선택적인 종류의 것인데, 자신과 상관없는 사람을 고소를 통해 정화시키지 않았다고 해서 선택적으로 전염되는 미아스마가 자신에게 전염될 것이라고 생각할 이유는 없는 것이다. 흥미로운 것은, 아테네의 법과 관습은 여기에서 에우튀프론이 주장하는 것의 반대에 더 가깝다는 점이다. 주 21에서 이야기했듯이, 특수한 경우를 제외하면 살인죄와 관련한 소송은 피살자의 가족이 제기해야 했다. 그러니까 에우튀프론은 살인자가 식구인 경우에 고소를 해야 한다고 주장하고 있지만, 당대 아테네인들은 살인자가 아니라 피살자가 식구인 경우에 고소를 해야 한다고 생각했던 것이다. 가족의 일원이 죽었을 경우 남은 가족들은 소송을 제기할 수 있는 권한을 가질 뿐 아니라 소송을 제기해야 하는 의무도 가진다고 생각되었다. 그리고 이것은 바로 가족이 죽었는데 거기에서 야기되는 부정함을 복수나 고소를 통해서 정화시키지 않으면 부정함이 옮을 수 있다고 생각했기 때문이다. 논란의 여지가 있지만, 어떤 학자들의 주장에 따르면 피살된 가족을 위해 소송을 제기하지 않는 사람은 불경죄로 고소당할 가능성도 있었다고 한다.

25 **정화시키지** : 여기에서 '정화시키다'라고 번역한 그리스어는 aphosioun이다. '정화시키다'라는 의미로 더 일반적으로 쓰이는 단어인 kathairein(『에우튀프론』에서는 3a에 이 단어의 강조형인 ekkathairein이 사용되었다)은 '깨끗하게 만들다'는 의미가 일차적인데, 지금 사용된 단어 aphosioun

은 어원적으로 불경함으로부터 벗어나 경건하게 만든다는 의미를 갖는다.
26 **부정함이 똑같이 생길 테니까요** : 부정함이 똑같이 생긴다는 이야기는 두 가지 해석이 가능하다. 그 잘못을 범한 사람과 자신에게 똑같은 크기의 부정함이 생긴다는 해석과, 죽은 사람이 일가친척이든 모르는 사람이든 자신과 살인자에게 생기는 부정함의 크기는 똑같다는 해석이다. 두 번째 해석이 다수파의 해석이기도 하고, 전체적인 맥락을 고려하면 그쪽 해석이 더 그럴듯하다. 에우튀프론의 입장은, 살인자가 친척인지 여부는 상관이 있고 피살자가 친척인지 여부는 상관이 없다는 것이다. 첫 번째 해석에서는 이 문장이 살인자가 친척인지 여부가 상관이 있다는 것에 대한 이유만을 제시하는 것이 되고, 두 번째 해석에서는 살인자가 친척인지 여부는 상관이 있다는 것과 피살자가 친척인지 여부는 상관이 없다는 것 모두에 대한 이유를 제시하는 것이 된다.
27 **제 품꾼** : '품꾼'이라고 번역한 그리스어는 pelatēs이다. 펠라테스는 명목상으로는 자유인이었지만 가난 때문에 실질적으로는 노예살이 비슷한 삶을 살았던 사람이다. 그래서 에우튀프론과 그에게 품을 팔았던 이 죽은 사람의 관계가 주인과 노예의 관계라고 할 수 있는지 그렇지 않은지 여부가 다소 모호하다. 이러한 사실이 에우튀프론이 제기하는 소송의 합법성과 관련해서 갖는 함축은 주 28을 참조하라.
28 **낙소스에서 농사일을 할 때** : 아테네가 제국을 운영하는 방식 중 하나로 아테네의 시민들이 시민권을 유지한 상태에서 식민지의 토지를 분배받고 그곳에 정착하는 '클레루키아(klērouchia)'라는 제도가 있다. 그리고 이곳에서 토지를 분배받은 아테네 정착민을 '클레루코스(klērouchos)'라고 불렀다. 낙소스 섬은 기원전 467년 델로스 동맹에서 탈퇴하려고 반란을 일으켰다가 실패하고 450년경에 클레루키아의 처지가 되었다. 에우튀프론의 아버지는 아마도 낙소스에서 농사를 짓는 클레루코스였을 것이다. 그런데 펠로폰네소스 전쟁에서 패하고 나서 아테네는 클레루키아를 모두 상실하게 된다. 만약 에우튀프론의 아버지가 클레루코스였다면, 그는 아테네가 전쟁에서 패한 404년 이후에는

낙소스에서 농사를 지을 수 없었다. 그러면 품꾼이 죽은 시점과 지금 고소의 시점(기원전 399년) 사이에는 최소한 5년의 시간이 흐른 셈이 된다. 품꾼이 사망하고 5년 이상 지난 다음에야 에우튀프론이 아버지를 살인죄로 고소하는 것은 의아한 일이며 이와 관련해서 학자들 사이에서 많은 논란이 있어 왔다. 그런데 이러한 논란은 품꾼의 사망 사건이 실제 일어난 일이었다는 것을 어느 정도는 전제한 논란이 아닌가 싶다. 만약 품꾼의 사망 사건이 저자인 플라톤이 지어낸 순수한 허구라면, 텍스트에 등장하지 않은 연도와 관련한 세부 사안을 가지고 이러저러한 논의를 하는 것보다는 텍스트에 등장하는 세부 사안들에 대해 저자인 플라톤이 왜 그러한 방식으로 세부 사안들을 꾸몄는지에 대해 생각해 보는 것이 더 의미 있는 일일 것이다. 품꾼의 사망 사건은 몇 가지 점에서 모호성을 가진다. 이후 논의에서 직접적으로 언급되고 있는(4d, 9a) 모호성은, 과연 에우튀프론의 아버지가 살인죄를 범했다고 할 수 있는지 그렇지 않은지 여부이다. 물론 이러한 모호성은 오늘날의 독자들도 쉽게 파악할 수 있는 종류의 것이다. 그런데 이 사건은 살인 재판과 관련한 아테네의 관행을 알고 있는 당시의 독자들에게는 다른 점들에서도 모호성을 가지고 있다. 주 21에서 이야기했듯이, 살인 사건은 기본적으로 피살자의 가족이 소송을 제기할 수 있었는데, 피살자가 노예인 경우 그 주인이 소송을 제기할 수 있었다. 주 27에서 이야기했듯이, 지금의 사건에서 죽은 사람은 명목상으로는 자유인이었고 실질적으로는 노예와 비슷한 처지였기 때문에, 에우튀프론이 소송을 제기할 수 있는 권한이 있는지 없는지 여부가 그렇게 분명하지 않다. 역시 주 21에서 이야기했듯이, 살인 사건에서 가족이나 주인이 아니면서도 소송을 제기할 수 있는 경우들이 있었는데, 아테네인이 아닌 사람이 아테네에서 죽은 경우가 그런 경우 중 하나이다. 에우튀프론의 가족이 낙소스에서 농사를 지을 때 품꾼이었던 사람은 아테네인은 아니었을 것이다. 아테네 시민이었다면 낙소스에서 땅을 분배받아서 스스로 농사를 지을 수 있었을 테니 말이다. 그런데 낙소스에서 죽은 사람이 아테네에서 죽었다고 할 수 있는지 아닌지 여부가 또 분명하지 않다. 아테네 제국 통치 방식에서 일반적인 식민지는 자치권을 가지고 있었지만, 클레루키아 제도가 시행되는 식민지는 자치권을 갖지 못했다. 따라서 낙소스 섬에서 죽은 사람이 아테네에서 죽었다고 할 수 있는지 아닌지 여부가 불분명한 것이다. 이러한 모호성들과 관련해서 지금의 대화가 왕 통치관의 주랑건물 앞에서 행해지고 있다는 것도 주목할 만하다. 아테네에서는 각 사건을 재판에 부칠지 말지를 결정하는 예비 심판 제도가 있었다. (일반 사건의 경우 예비 심판은 anakrisis라고 불렸으며, 살인사건의 경우는 prodikasia라고 불리는 세 번의 예비 심판을 거쳐야 본 재판이 시작될 수 있었다.) 살인 사건의 경우 예비 심판을 담당하는 사람이 왕 통치관이었다. 소크라테스와 에우튀프론이 왕 통치관의 주랑건물에 온 것은 바로 그러한 예비 심판 절차 때문이다. 에우튀프론의 아버지가 살인죄를 범한 것에 해당하는지 여부는 본격적인 재판에서 심리가 이루어질 것이다. 그런데 애초에 에우튀프론이 소송을 제기할 자격이 있는지 여부는 왕 통치관이 예비 심판을 통해서 결정할 사안이다. 에우튀프론과 죽은 사람의 관계, 낙소스와 아테네의 관계 등이 바로 이러한 예비 심판에서 중요한 고려 사항들이었을 것이다.

29 종교문제 해석관 : '종교문제 해석관'이라고 번역한 그리스어는 exēgētēs이다. 아테네에는 종교문제 해석관이 3명이 있었다고 한다. 『법률』 759d에는 3명의 종교문제 해석관을 선발하는 절차가 논의되는데, 많은 학자들은 이것이 아테네의 실제 관행을 모델로 했을 가능성이 높다고 생각한다. 이에 따르면 몇 가지 절차와 투표를 통해서 9명의 후보를 정하고 델포이 신전의 신탁에 의해서 이 중에서 최종 3명이 결정되었을 것이다. 아테네의 종교문제 해석관들은 신탁이나 꿈, 전조 등을 해석하는 일도 했지만, 특별히 살인이 벌어졌을 때 그와 관련한 정화를 어떤 식으로 할지를 정해 주는 역할을 했다고 한다.

30 여기로 : 낙소스 섬에서 아테네 본토로 보냈다는 이야기이다.

31 분개하기까지 : '분개하다'라고 번역한 그리스어는 aganaktein이다. 에

우튀프론은 aganaktein 앞에 kai를 붙여서 '아버지와 집안사람들이 aganaktein도 한다'라고 이야기한다. 이때 kai가 갖는 효과는 에우튀프론이 이러한 반응을 예상하지 못했다는 뉘앙스를 전하는 것으로 보인다. 이런 뉘앙스를 전달하기 위해 '까지'라는 표현을 넣어서 번역하였다.

32 신적인 입장 : '신적인 입장'이라고 번역한 to theion은 문법적으로는 '종교적 문제들'이라고 번역하고 있는 ta theia의 단수 형태이다. 양자가 모두 숙어적인 용법으로 사용되고 있기 때문에 각기 독립적으로 번역하였다.

33 도전적 제안을 하는 : '도전적 제안을 하다'로 번역한 그리스어는 prokaleisthai이며 이 동사의 명사 형태는 proklēsis이다. 간혹 proklēsis와 prosklēsis가 혼동되는 경우가 있는데, 둘이 발음이 비슷할 뿐만 아니라 해당 동사들이 모두 일상 어법에서는 '불러내다' 정도의 비슷한 의미를 갖지만 법정 용어로는 전혀 다른 절차를 나타내는 말들이다. 프로스클레시스는 고소인이 증인을 대동하고 피고소인에게 가서 무슨 죄목으로 어느 관리 앞에 며칠에 나올 것을 구두로 요청하는 절차를 일컫는 말이다. 그러니까 프로스클레시스는 재판을 받으라고 피고소인을 불러내는 절차이며, 우리말로는 '소환' 정도로 번역할 수 있을 것이다. 일반적인 재판에서 고소인은 피고소인을 소환하고 난 후에 해당 관리에게 고소장을 제출하도록 되어 있었다. 이에 비해서 우리가 '도전적 제안'이라고 번역하고 있는 프로클레시스는 고소장이 접수되고 나서 정식 재판이 이루어지기 전에 고소인이나 피고소인이 수행할 수 있는 절차였다. (아테네에는 상고 제도가 없고 단 한 차례의 재판으로 최종판결이 내려졌기 때문에 정식 재판이 이루어지기 전에 다양한 절차가 있었다.) 가장 일반적인 프로클레시스는 노예가 고문을 받으면서 증언을 하도록 상대방에게 요청하거나 상대방에게 맹세를 하도록 요청하는 것이었다. 그러니까 프로클레시스는 어떤 대담한 요청을 받으라고 상대방을 불러내는 절차라고 할 수 있겠다. 상대방은 이러한 '도전적 제안'을 받아들이지 않을 수도 있었지만, 이 경우 도전적 제안이 이루어졌는데 받아들여

지지 않았다는 사실이 재판 과정에서 명시되고, 이것은 제안을 받아들이지 않은 사람에게 불리하게 작용할 수 있었다.

34 **소송을 거시오** : '소송을 걸다'로 번역한 dikēn lanchanein은 어원적으로 '소송건을 추첨으로 얻다'는 뜻이다. 고소인이 피고소인을 소환하고 나서 해당 관리 앞에 고소인과 피고소인이 모두 출석했을 때 해당 관리는 예비 심판(주 28 참조)이 이루어질 날짜를 정한다. 이때 아마도 해당 관리는 추첨을 통해서 예비 심판일을 정했던 것으로 보이며, 이 때문에 이 표현이 '소송을 걸다'의 의미로 사용되었을 것으로 짐작된다.

35 **그렇지요?** : '그렇지요?'에 해당하는 그리스어가 따로 있는 것은 아니고, 문법적으로는 소크라테스의 말 전체가 첫 문장에서 '제일 좋겠다'고 하는 것의 내용이다. 문장이 불필요하게 복잡해지는 것을 피하기 위해서 문장을 나누고 마지막에 '그렇지요?'를 추가했다.

36 **신에 대한 불손죄로** : '신에 대한 불손'이라고 번역한 그리스어는 asebeia로 보통은 '불경'이라고 번역되는 말이다. 그리스어에서 '경건'으로 번역될 수 있는 단어는 hosiotēs와 eusebeia 이렇게 둘이 있고, 그에 따라 각각의 부정어들인 anosiotēs와 asebeia가 모두 '불경'으로 번역될 수 있다. 대화편의 주제인 경건과 불경이 처음 명시적으로 언급되는 4e에서 '경건한'과 '불경한'으로 번역된 형용사들은 각각 hosios와 anosios였다. 소크라테스는 이제 5c에 와서는 자신이 고소당한 죄목을 언급하며 asebeia라는 단어를 사용하고 바로 뒤에서 관련 형용사들인 eusebēs와 asebēs를 사용했다가, 바로 그 뒤에서는 다시 hosios와 anosios를 사용한다. 이후의 논의에서는 계속 hosios 계열의 단어들만이 사용되다가 불경죄로 고소하지 말라는 이야기가 등장하는 12e에 가면 hosios와 eusebēs가 동시에 사용되고, 그 이후 다시 hosios 계열 단어들이 사용된다. (14b에서 hosios에 대립되는 사태가 한 번 asebēs로 표현되는 것을 제외하면 끝까지 hosios 계열 단어들만이 사용된다.) 대부분의 학자들은 플라톤에서 eusebēs와 hosios가 거의 동의어로 사용되며, 당시 그리스에서 일반적으로도 두 단어가 거의 동의어로 사용되었다고 생

각한다. 물론 양자가 명백하게 구별되어 사용된 사례가 있고(기원전 4세기 연설가 뤼쿠르고스의 『레오크라테스 고발 연설』 15에서 신들에 대한 태도와 관련해서는 eusebēs 계열 단어가 사용되고 조상들에 대한 태도와 관련해서는 hosios 계열 단어가 사용된다) 두 단어가 거의 동의어로 사용되었다고 주장하는 학자들도 양자의 뉘앙스 차이는 간단히 지적하곤 했다. 그런데 두 단어가 분명하게 구별되는 의미를 가지고 있었으며 플라톤도 양자를 구별해서 사용하고 있다는 주장이 비교적 최근에 제시된 바 있다 (Mikalson, 2010). 미칼슨은 다양한 사례 분석과 상세한 논의를 통해 양자의 의미 차이를 세 가지 정도로 제시한다. 1) 에우세베이아는 신들과 직접적으로 관련되며 호시오테스는 '신성한 것(to hieron)'을 어떻게 대하는지와 관련된다. 2) 에우세베이아는 감정 상태와 더 가깝고 호시오테스는 법률과 관습을 따르는 행동 양식과 더 가깝다. 3) 에우세베이아는 보다 적극적인 개념이고 호시오테스는 보다 중립적인 개념이다. 예컨대 제사를 열심히 드리는 것은 에우세베이아와 관련된 일이고, 제사를 드릴 때 제물을 잘못 선택한다든지 하는 잘못을 범하지 않는 것은 호시오테스와 관련된 일이다. 이러한 차이를 근거로 미칼슨은 에우세베이아는 'proper respect'로, 호시오테스는 'religious correctness'로 번역한다. 이 번역서에서 호시오테스와 아노시오테스를 전통적인 번역어인 '경건'과 '불경'으로 번역하고 에우세베이아와 아세베이아를 '신들에 대한 공경'과 '신들에 대한 불손'으로 번역한 것은 미칼슨의 연구를 반영한 것이지만, 『에우튀프론』의 맥락에서 양자의 차이가 그렇게 중요하다고 생각하지는 않는다. (이런 번역어를 택한 실질적으로 가장 큰 이유는 12e에 hosios와 eusebēs가 동시에 등장하기 때문에 양자를 다른 말로 번역해야 했기 때문이다.) 대화편 내내 호시오테스 계열의 단어를 사용하는 소크라테스가 지금의 맥락(5c)과 12e에서 아세베이아 계열 단어를 사용하는 가장 기본적인 이유는, 이 두 곳에서 불경죄에 대한 언급이 있고 당시 아테네의 법률 용어로 불경죄 사건은 언제나 graphē asebeias라고 불렸기 때문이다. 덕목으로서의 경건을 이야기할 때는 다른 대화편들에서도 항상 호시오테스만 사용하는 플라톤도 소크라테스의 죄목을 이야기할 때와 『법률』에서 불경죄를 언급할 때에는 아세베이아라는 단어를 사용한다. (미칼슨도 당시에 일상 어법에서는 양자가 구별되었지만 법률 용어로서는 아세베이아만 사용되었다는 사실을 지적하며, 어떻게 에우세베이아의 위반만이 아니라 호시오테스의 위반도 법적으로는 아세베이아라고 불렸는지에 대해 어느 정도의 설명을 시도한다.) 다만 플라톤이 덕목에 대해 이야기할 때는 거의 항상 호시오테스라는 단어만을 사용한다는 사실은 미칼슨의 연구 결과를 지지하는 증거로 생각될 수도 있겠다. 신을 공경하는 마음이 있는 사람, 그래서 eusebēs라고는 불릴 수 있는 사람이라고 하더라도 그 마음을 적절한 방식의 행동으로 표현하지 못하는 사람은 hosios라고 불릴 수는 없고, 그런 사람은 덕을 갖춘 사람이라고 할 수 없을 것이다.

37 **불경함의 측면에서** : 텍스트와 관련해서 논란이 많은 부분이다. OCT가 따르고 있는 T 사본은 kata tēn anosiotēta라고 되어 있으며, 아담이 따르고 있는 B 사본은 kata tēn hosiotēta라고 되어 있고, 아르메니아 사본은 kata tēn mē hosiotēta라고 되어 있다. 아르메니아 사본이나 T 사본은 의미 차이가 거의 없으며, '불경함의 측면에서'라는 우리의 번역은 이들을 따른 것이다. B 사본을 따를 경우 자연스러운 해석인 '경건함의 측면에서'의 뜻으로는 맥락에서 의미가 통하지 않지만, 아담이 주장하듯이 이 그리스어 구절을 '경건함의 경우와 마찬가지로' 정도의 의미로 이해할 가능성도 열려 있다. 사본상의 증거로만 생각한다면, 아담의 주장처럼 애초에 플라톤이 hosiotēta라고 썼을 가능성이 더 높아 보인다. hosiotēta라고 되어 있던 것을 필사자들이 의미가 잘 통하지 않는다고 생각해서 anosiotēta나 mē hosiotēta라고 고쳐서 필사했을 가능성은 충분히 있지만, anosiotēta라고 되어 있던 것을 필사자들이 hosiotēta로 고쳐서 필사했을 가능성은 거의 없어 보인다. 하지만 설사 플라톤이 hosiotēta라고 적었다고 하더라도 그것이 그가 실제로 의도했던 바라는 결론이 곧바로 따라 나오는 것은 아니다. anosiotēta를 의도

했지만 hositēta라고 적는 종류의 실수는 오늘날 우리가 글을 쓸 때도 아주 흔하게 범하는 실수이다. 또한 전체적인 맥락에서 이 구절이 없으면 의미 손상은 거의 없고 그리스어 문장이 오히려 더 자연스럽기 때문에, 이 구절이 원래 외곽 주석에 있었다가 나중에 본문에 끼어 들어왔을 가능성도 배제할 수 없다. 대부분의 번역들은 OCT를 받아들이거나 아예 이 구절을 삭제한다. 아담의 텍스트를 받아들인 번역은 확인할 수 없었다. 아담의 텍스트 선택과 그에 대한 설명이 나름 그럴듯하기는 하지만, 우리가 기본 텍스트로 삼고 있는 OCT를 버리고 이 구절에서는 아담을 따를 만큼 결정적인 것은 아니라고 판단하였다.

38 어떤 하나의 형상 : '형상'이라고 번역한 그리스어는 idea이다. 소위 '플라톤의 이데아론'이라는 이야기를 할 때 '이데아'가 바로 이 단어의 음차이다. 6d에서는 eidos라는 단어가 이와 동의어로 사용되고 있으며, 플라톤은 다른 대화편들에서도 많은 맥락에서 양자를 거의 교환가능한 말로 사용한다. 일상 어법에서 idea나 eidos는 '모양', '형태', '형상', '형식', '종류' 등의 다양한 의미를 가지며, 플라톤은 이 단어들을 이러한 일상 어법의 의미를 갖는 것으로 사용하기도 하고 이데아를 나타내는 전문용어로 사용하기도 한다. 그리고 『에우튀프론』에서 이 단어들이 전문용어로 사용되었는지 일상 어법으로 사용되었는지에 대해 학자들 사이에 논란이 있다. 이 자리에서 이러한 논란에 대해 자세한 논의를 하기는 어렵다. 다만, 한편으로 『에우튀프론』에서 소크라테스가 하는 이야기들이 일상적 사물들과 존재론적으로 독립되어 있는 특별한 존재자들, 즉 이데아들을 상정해야만 할 수 있는 이야기들은 아니라는 점과, 다른 한편으로 여기에서 idea와 eidos에 대해 하는 이야기들이 중기 이후의 대화편들에서 이데아에 대해 하는 이야기들과 상당히 높은 유사성을 갖는다는 점 정도는 지적할 수 있겠다. 중기 이후의 대화편들에서 플라톤이 idea나 eidos라는 말을 전문용어로 사용할 때 그 의미가 일상 어법에서의 의미와 전혀 동떨어진 것은 아닐 테고, 『에우튀프론』의 지금과 같은 구절들은 나중에 플라톤이 자신의 이데아론에 등장하는 특

별한 존재자들을 왜 바로 idea나 eidos 같은 단어들을 사용해서 지칭하게 되었는지를 엿볼 수 있도록 해 준다. 그러한 연속성을 살리기 위해서 우리말이 좀 어색해지는 것을 무릅쓰고 '형상'이라는 번역어를 택하였다. '원들은 크든 작든 모두 둥근 형상을 가지고 있다'라고 말할 때나 '사람의 형상을 했으면 사람값을 해야지'라고 말할 때, 우리도 여기에서와 비슷한 의미로 '형상'이라는 말을 사용한다고 생각할 수 있다. 물론 이런 말을 할 때 우리는 일차적으로 '눈에 보이는 형상'을 의미하는 것일 테지만, 그리스어에서 idea나 eidos도 어원적으로는 원래 '눈에 보이는 형상'을 의미했다가 점차 그 의미가 다른 영역으로 확장되었다고 할 수 있다. 우리의 두 번째 예에서도 '사람의 형상'이라는 말이 단순히 눈에 보이는 형상만을 의미한다고 할 수는 없을 것이다.

39 지금 제가 하고 있는 것이라고 이야기하겠습니다 : 에우튀프론의 이 대답은 오늘날의 독자들에게 종종 조롱거리가 되곤 한다. 물론, 소크라테스가 잠시 후에 지적하듯이(6d-e), 이 대답이 소크라테스의 질문에 대해 아주 적절한 대답이 되지 못한다는 것은 분명한 사실이다. 소크라테스는 경건한 것 모두와 불경한 것 모두에 적용될 수 있는 대답을 요구했는데, 에우튀프론은 그런 대답을 하지는 않은 것이다. 그런데 소크라테스가 처음으로 정의(定義)를 내리는 것에 관심을 가졌다는 아리스토텔레스의 보고(『형이상학』 1.6.987b3-4)를 인정한다면, 정의를 내리는 행위와 관련한 규범에 익숙한 오늘날 독자들의 기준을 에우튀프론에게 그대로 적용하는 것은 다소 부당한 측면이 있다. 어떤 것이 무엇인지를 묻는 물음에 대표 사례를 제시하는 것은 오늘날에도 일상적인 일이다. 가령, 용감한 사람이란 어떤 사람인지를 묻는 물음에 이순신 장군처럼 죽음을 두려워하지 않고 적과 싸우는 사람이라고 대답하는 것이 적어도 비웃음을 살 만한 대답이라고 하기는 어려울 것이다. 에우튀프론은 자신이 하고 있는 일, 즉 자신의 아버지일지라도 부정의한 행동을 했으면 고소하는 것이 경건함을 가장 잘 드러내 주는 대표 사례 혹은 모범 사례(paradigm case)라고 생각하는 것으로 보이며, 가장 훌륭하고 정의

롭다고 인정받는 제우스 신의 사례를 통해서 자신의 그러한 생각을 정당화하고 있기도 하다. 에우튀프론이 단순히 경건한 행동의 한 가지 사례를 들었을 뿐이라고 비난하는 것은, 단순히 한 가지 사례를 드는 것과 대표 사례를 드는 것의 차이를 무시하는 것이다. 이와 관련해서 주 48도 참조할 수 있다. 첨언하자면, 물론 에우튀프론이 여기에서 제시하는 사례가 정말로 경건함의 대표 사례가 될 수 있는지 여부는 또 다른 문제이다. 이와 관련해서는 주 58을 참조하라.

40 법 : 여기에서 언급되는 법이 아테네의 법을 나타내는 것인지 아닌지에 대한 논란이 있다. 소크라테스가 에우튀프론에게 경건에 대해 질문하는 직접적인 이유는 그가 불경죄로 아테네의 법정에 서게 되어 있어서 에우튀프론에게서 경건이 무엇인지 배우기 위해서이다. 이런 맥락을 고려하면 이때의 법을 아테네의 법이라고 생각할 수도 있겠다. 하지만 제우스의 이야기가 아테네의 법이 어떠한지에 대한 증거가 되기는 어렵다는 점을 고려하면, 여기에서의 법은 아테네의 법도 궁극적으로 따라야 할 상위의 법이라고 생각하는 것이 더 그럴듯해 보인다.

41 **제우스 신이 아버지를 결박했고** : 제우스의 아버지 크로노스는 자신의 자식들이 왕좌에 대한 위협이 될 것을 염려하여 자식들을 모두 삼켜 버린다. 크로노스의 아내인 레아는 막내아들인 제우스를 동굴에 숨기고 대신 돌멩이를 포대기에 싸서 아들인 것처럼 위장하였고, 크로노스는 제우스 대신 이 돌멩이를 삼킨다. 제우스는 장성한 후에 우선 크로노스가 삼킨 자식들을 토해 내게 만들고, 이들과 힘을 합쳐 크로노스와 그의 형제들인 티탄 족들과 싸움을 벌인다. 이 싸움에서 승리한 제우스는 크로노스를 비롯한 티탄 족들을 타르타로스(하데스 신의 영역인 지하세계)에 있는 청동감옥에 가두게 된다.

42 **자신의 아버지를 거세시켰다는** : 크로노스의 아버지 우라노스(하늘)는 가이아(땅)와 결합하여 자식들을 낳았지만 자식들이 가이아의 뱃속에서 나오지 못하도록 막았다. 가이아는 낫을 만들어 자식들에게 보여 주며 아버지를 공격할 것을 권하고, 막내아들인 크로노스가 나서서 아버지

우라노스를 거세하게 된다.
43 **나 같은 사람들** : 원문은 그냥 '우리'라고 되어 있으나 문맥에 어울리도록 '나 같은 사람들'이라고 옮긴다. 여기에서 '나 같은 사람들'이란 신들에 대해서 잘 아는 에우튀프론과 대비해서 그에 대해 잘 모르는 사람들을 의미한다.
44 **우정의 신** : 제우스 신을 가리키는 말이다. 그리스 신들에게는 여러 종류의 별칭(epithet)이 있는데, '우정의 신'이란 제우스의 여러 별칭 중 하나이다.
45 **범아테네 대제전** : 범아테네 제전은 아테네의 여러 축제들 중에서 가장 오래되고 가장 중요한 것이었다. 테세우스가 아티카 지방을 통일하여 아테네를 세운 것(혹은 아티카 전역을 원-아테네에 복속시킨 것)을 기리는 이 축제는 매년 아테네 달력의 첫째 달(아테네의 첫째 달은 헤카톰바이온이라고 불렸는데 오늘날로 치면 7월 중순에서 8월 중순까지에 해당한다)의 28번째 날에 열렸다. 이 축제에는 여성을 포함하여 아테네의 모든 자유인 신분 거주민이 참여할 수 있었다. 기원전 6세기 중반부터는 4년에 한 번씩 하루가 아니라 여러 날 동안 축제를 지속하며 다양한 경연과 행사들을 벌였는데, 이것을 범아테네 대제전이라고 한다.
46 **융단** : '융단'이라고 번역한 그리스어는 peplos이다. 흔히 '예복(robe)'이라고 번역되지만, 이것은 범아테네 제전의 행렬에 사용된 두 종류의 peplos에 대한 혼동에 기인한 것일 가능성이 높다. 매년 열리는 범아테네 제전에서는 에레크테이온 신전에 있는 도시의 수호자 아테나 여신(Athēna Polias, '도시의 수호자'는 아테나 여신의 별칭 중 하나이다)의 실제 사람 크기 목상에 입힐 예복(peplos)이 행렬의 선두에서 운반되었다. 4년마다 열리는 범아테네 대제전에서는 이에 더해 커다란 융단(peplos, tapestry)이 배의 돛으로 매달려서 행렬의 중간에 운반되었다. 이 융단은 아마도 처녀 아테나 여신(Athēna Parthenos, '처녀' 역시 아테나 여신의 별칭 중 하나이다)에게 바쳐져서 파르테논 신전 벽에 배치되었을 것으로 추정된다. 이 융단을 운반하는 행사는 페르시아 전쟁 직후부터 생긴 것

으로 보이는데, 아테네가 페르시아 전쟁에서 승리한 것을 제우스와 아테나 등이 거인 족들에게 승리한 것에 비견하기 위해서 이 융단에 소위 '거인 족들과의 싸움(gigantomachia)'을 수놓은 것으로 추정된다. 주 41에서 이야기했듯이 티탄 족들과의 싸움(titanomachia)의 결과 티탄 족들은 타르타로스에 갇히게 되는데, 티탄 족의 어머니 가이아는 이들을 구하기 위해서 역시 자신의 자식들인 거인 족들을 부추겨 올림포스의 신들과 싸움을 벌이게 만든다. 이 싸움을 '거인 족들과의 싸움'이라고 부른다.

47 **형상** : 여기에서 '형상'이라고 번역한 그리스어는 eidos이다. 주 38에서 이야기했듯이, 이 단어는 5d에 나온 idea와 같은 의미로 사용되었다. 바로 뒤에서는 소크라테스가 다시 idea라는 단어를 사용한다.

48 **본** : '본'이라고 번역한 그리스어는 paradeigma이다. paradeigma는 일상적으로는 단순히 '사례'를 의미하는 말로 사용될 수도 있으며, 맥락에 따라서는 '대표 사례' 혹은 '모범 사례'의 의미로 사용될 수도 있는 말이다. 주 39에서 이야기했듯이, 에우튀프론이 제시한 대답은 '사례'의 의미로서는 물론이고 '대표 사례' 혹은 '모범 사례(paradigm case)'의 의미로서도 paradeigma를 제시한 것이라고 할 수 있다. 하지만 지금 여기에서 소크라테스가 요구하는 paradeigma는 '대표 사례'보다도 더 강한 의미에서의 paradeigma이다. 대표 사례의 제시는 어떤 것이 무엇인지에 대한 직관적인 이해를 도울 수는 있지만, 그것에 해당하는 모든 사례들과 해당하지 않는 모든 사례들을 구분할 수 있는 기준 제시의 역할은 할 수 없다. 소크라테스는 지금 바로 그런 기준을 요구하고 있는 것이다. 중기 이후 플라톤의 소위 '이데아론'에서 paradeigma는 거의 전문용어에 가깝게 사용되는데, 『에우튀프론』의 지금 장소가 그런 용법의 연원이 된다고 할 수 있겠다.

49 **합의를 보겠지요** : '합의를 보다'로 번역한 그리스어는 diakrinein의 수동형인 diakrithēnai이다. 보통은 '판정을 내리다'라는 뜻이지만, 여기에서는 '논란을 해소시킬 합의를 보다(to be brought to a settlement of a

dispute)'의 의미로 사용되었다는 버넷의 주장을 받아들인다. 대부분의 번역들도 버넷을 받아들이고 있다.

50 **어떤 판정수단에 의존할 수 없을 경우** : 해석과 관련해서 논란이 있는 부분이다. 해석의 관건은 tina krisin이라는 그리스어 표현을 어떻게 이해할지에 달려 있다. 아담과 하이델, 그레이브(Grave) 등은 이 표현을 '무엇에 관한 판단(tinos krisin)'과 같은 의미로 해석한다. 이 경우 이 구절은 '무엇에 관한 판단을 내릴 수 없을 때' 정도의 의미가 된다. 버넷과 엠린-존스(Emlyn-Jones)는 여기에서 krisin이 바로 앞 문장의 diakrithēnai를 받아서 diakrisin의 의미로 사용되었다고 주장한다. 이 경우 이 구절은 '어떤 합의(settlement)가 이루어지지 않았을 때' 정도의 의미가 된다. 그리고 대부분의 번역들은 버넷의 해석을 따른다. 그런데 아담이나 버넷의 해석을 따를 경우, 소크라테스가 앞에서 '계산에 의존해서', '측정하기에 의존해서', '무게 달아보기에 의존해서' 등의 이야기를 하는 것은 아무런 의미가 없는 일이 되어 버린다. 더구나 소크라테스가 이런 이야기들을 할 때 사용한 그리스어 표현은 'epi X elthein'인데, 이 표현은 지금 구절의 'epi tina krisin aphikesthai'와 동사만 다르고 같은 구조이며 두 동사의 의미도 비슷하다. 조금 아래에서 우리가 '의존할 만한 충분한 판정수단이 없을 경우'라고 번역한 표현은 'epi hikanēn krisin autōn elthein'으로 이 경우는 동사까지 완전히 동일하다. 연이어 등장하는 동일한, 혹은 거의 동일한 표현이 같은 의미로 사용되지 않았다고 생각하는 것은 매우 이상스러운 일일 것이다. 그럼에도 불구하고 아담과 버넷 등이 다른 해석을 제안하는 이유는 아마도, 의견 차이가 해소되지 않은 상황에서는 판정수단이 아예 없는 것인데, 이런 상황에서 무슨 판정수단에 의존할 수 없는지를 묻는 것은 무의미하다고 생각해서인 것으로 보인다. 하지만 정의로운 것, 아름다운 것, 좋은 것 등에 대해서는 누구나 동의할 만한 기준, 혹은 판정수단이 없기 때문에 사람들이 이런 문제들에 대해 합의를 보기가 어렵다는 점을 고려한다면, 소크라테스가 굳이 기준 혹은 판정수단의 질문을 제기

하는 것은 바로 그런 기준의 부재를 강조하는 역할을 수행하고 있다고 볼 수 있을 것이다. 참고로, 주석가들 중에서 헤어(Hare)는 본 번역과 비슷한 해석을 취한다.

51 정의로운 것과 부정의한 것, 아름다운 것과 추한 것, 좋은 것과 나쁜 것 : 이 문제들은 한마디로 말해서 삶에서 가장 중요한 문제들이다. 그리고 정의로운 것(to dikaion)과 아름다운 것(to kalon)과 좋은 것(to agathon)이 모두 같은 것, 혹은 적어도 항상 함께 가는 것이라는 생각이 소크라테스의 핵심 생각 중 하나이다. 플라톤의 여러 대화편에서 소크라테스는 이 셋이 별개일 수 있다는 주장을 하는 사람들과 논전을 벌인다. 그런 사람들의 가장 대표적인 예가 아름다운 것과 좋은 것이 별개라고 생각하는 『고르기아스』의 칼리클레스와 정의로운 것과 좋은 것이 별개라고 생각하는 『국가』의 트라쉬마코스이다.

52 의견 차이가 있고 의존할 만한 충분한 판정수단이 없을 경우 : 조건 구문으로 번역한 이 문장은 이유 구문으로도 번역할 수 있다. 그리스어로는 분사 구문인데, 영어에서도 그렇듯이, 그리스어 분사 구문은 조건이나 이유, 양보 등 맥락에 따라 다양한 번역이 가능하다. 그리고 이 문장 하나만 놓고 보면, 사실 이유 구문으로 해석하는 것이 맥락과 더 잘 어울린다고 생각할 수도 있겠다. 정의로운 것, 아름다운 것, 좋은 것 등과 관련해서는 충분한 판정수단이 없을 경우에 사람들이 서로 적대적이 된다기보다 충분한 판정수단이 없기 때문에 의견 차이를 해소하지 못하고 적대적이 된다고 생각하는 것이 더 그럴듯해 보일 수 있는 것이다. 그런데 소크라테스가 지금 하고 있는 말의 첫 문장, 즉 '무엇에 대한 의견 차이가 있고 어떤 판정수단에 의존할 수 없을 경우'라고 번역한 문장도 분사 구문이어서 같은 문제가 있다. 애초에 첫 문장을 조건으로 번역한 것은, 그 앞에서 수와 크기에 대해 같은 종류의 질문을 하면서 소크라테스가 그 질문들을 분사 구문이 아니라 명시적인 조건절로 제시했기 때문에 그에 호응시켜준 것이다. 물론 분명한 호응관계가 존재하는 것은 그 문장의 앞부분뿐이고, 의미상 앞부분은 조건으로 뒷

부분은 이유로 생각하는 것이 가장 그럴듯하다고 생각할 수도 있다. 즉 첫 문장은 '무엇에 대한 의견 차이가 있을 경우 어떤 판정수단에 의존할 수 없기 때문에'로, 지금 문장은 '그에 대한 의견 차이가 있는 경우 의존할 만한 충분한 판정수단이 없기 때문에'로 번역하는 것이 가장 자연스럽다고 생각할 수도 있다. 하지만 앞부분과 뒷부분의 분사 사이에 kai라는 대등적 연결사가 있는데, 이런 경우에는 두 분사의 문장 기능을 하나는 조건으로 다른 하나는 이유로 달리 보는 것이, 불가능하지는 않더라도, 부자연스럽다. 더구나 정의로운 것, 아름다운 것, 좋은 것 등과 관련한 의견 차이가 있는 경우에도 충분한 판정수단이 있는 특수한 맥락을 상상해 볼 수는 있다. 예를 들어, 기능 테스트나 시합 같은 것이 충분한 판정수단의 역할을 할 수 있는 상황에서는 이러한 문제와 관련해서도 의견 차이가 분명하게 해소될 수 있을 것이다. 이런 점들을 고려해서 두 분사 구문을 모두 조건 구문으로 번역하였다. 그런데 우리말에서는 조건인지 이유인지를 선택해서 번역할 수밖에 없지만, 애초에 소크라테스가 분사를 사용한 것은 조건과 이유를 모두 포괄해서 나타내고 싶어서였을 가능성도 충분히 있어 보인다.

53 정말 뭔가 의견 차이를 보인다면 : 소크라테스는 단순한 조건을 나타내는 ei가 아니라 여러 가지 뉘앙스를 가질 수 있는 eiper를 사용했는데, 이것은 신들이 의견 차이를 보일 수 있다는 가정을 소크라테스가 받아들이지 않는다는 것을 시사한다. 그러한 취지를 살리기 위해 '정말'이라는 표현을 넣어서 번역하였다.

54 제우스 신에게는 사랑스럽지만 크로노스 신과 우라노스 신에게는 미움을 사고 : 주 41과 주 42를 참조하라.

55 헤파이스토스 신에게는 사랑스럽지만 헤라 여신에게는 미움을 사는 : 헤파이스토스가 절름발이로 태어나자 어머니인 헤라는 그를 올림포스 산에서 던져 버렸다고 한다. 이에 대한 복수로 헤파이스토스는 보이지 않는 족쇄가 달린 황금 의자를 헤라에게 '선물'했고, 헤라는 이 의자에 앉았다가 족쇄에 결박되어 풀려날 수 없게 되었다고 한다.

56 **각각이 서로 상대방이 부정의한 행동을 하고 있다고 주장하고 상대방은 그렇지 않다고 주장하는** : 이 구절을 원문 그대로 자연스럽게 번역하면 '어떤 신들은 서로가 부정의한 행동을 한다고 주장하고 다른 신들은 그렇지 않다고 주장하는' 혹은 '어떤 신들은 자신들이 서로에게 부정의한 행동을 한다고 주장하고 다른 신들은 그렇지 않다고 주장하는' 정도가 된다. 하지만 이렇게 이해하면 신들의 논쟁은 신들이 서로 부정의한 행동을 하는지 그렇지 않은지가 되어서 전체적인 의미가 잘 통하지 않는다. 아담이나 하이델 등은 각기 서로 다른 방식으로 텍스트를 수정하지만, 텍스트는 그대로 두고 '서로(allēlous)'라는 말을 문장 전체와 연결시켜 이해하자는 버넷의 제안을 받아들여서 그에 따라 번역하였다.

57 **고발하는 것** : '고발하다'로 번역한 그리스어는 episkeptesthai이다. 이 단어는 법률 용어로는 보통 위증 소송과 관련하여 사용되지만 여기에서처럼 다른 종류의 소송과 관련해서 사용되기도 했다. 아테네에서 고발(episkepsis)은 정식 고소가 있기 전에 이루어지는 절차이며, 고발만 하고 고소는 이루어지지 않는 경우도 있었다. 소크라테스가 고소하고 고발하라고 이야기하는 것은, 예컨대 '문 닫고 들어와라'라고 이야기할 때처럼, 시간 순서가 뒤바뀐 것이 된다. 이렇게 시간 순서를 뒤바꾸어 이야기하는 것을 수사학에서 '휘스테론 프로테론(hysteron proteron)'이라고 부른다.

58 **무엇보다도** : 소크라테스가 에우튀프론에게 신들이 에우튀프론이 한 것과 같은 행위를 '무엇보다도' 옳다고 생각한다는 증거를 보이라는 요구를 하는 것이 지나친 요구라는 지적이 있다. 만약 에우튀프론이 애초에 자신의 행위를 단순히 경건함의 한 사례로 제시했다면, 이러한 지적은 타당하다. 하지만 주 39에서 이야기했듯이, 에우튀프론은 자신의 행위를 단순히 경건함의 한 사례인 것이 아니라 모범 사례, 혹은 대표 사례로 제시한 것으로 보는 것이 더 그럴듯하다. 그리고 지금 소크라테스가 요구하는 것을 보면, 소크라테스도 5d에서 제시된 에우튀프론의 대답을 그런 식으로 이해했다고 여겨진다. 에우튀프론의 행위가 경건함의

대표 사례이고 경건함이 신들에게 사랑받는 것이라면, 에우튀프론의 행위는 신들에게 사랑받는 것의 대표 사례가 되어야 한다. 그런데 정말로 그것이 대표 사례가 될 수 있는가? 6d-e에서 소크라테스는 에우튀프론의 대답이 경건함의 모든 사례에 적용될 수 없다는 형식적 측면의 문제를 제기를 했는데, 지금은 내용적 측면에서도 에우튀프론의 대답에 문제가 있을 수 있다는 지적을 하고 있는 것으로 생각할 수 있다.

59 경건한 것은 그것이 경건한 것이기 때문에 신들에게 사랑을 받는 겁니까, 아니면 사랑을 받기 때문에 경건한 것입니까? : '에우튀프론 딜레마(Euthyphro Dilemma)' 혹은 '에우튀프론 문제(Euthyphro Problem)'라고 알려진 유명한 문제다. 이후에 전개되는 논의가 이 '딜레마'에서 전자의 입장을 취하는 소크라테스가 후자의 입장을 취하는 에우튀프론을 논박하는 것이라고 생각하는 경우가 종종 있는데, 에우튀프론은 후자의 입장을 표명한 적이 없다. 오히려 10d에서 볼 수 있듯이, 소크라테스의 질문에 대한 설명을 듣고 나서는 전자의 입장, 즉 경건한 것이 경건한 것이기 때문에 신들에게 사랑받는다는 입장의 대답을 한다. 물론 에우튀프론이 이러한 대답을 하는 것이 결국 그가 자신이 제시한 경건함의 정의를 견지할 수 없는 이유가 되니, 에우튀프론이 후자의 입장에 따른 대답을 했어야 했다고 생각할 수는 있다. 하지만 그러한 생각은 에우튀프론이 경건이 신들에게 사랑받는 것이라는 대답을 한 이유가 그가 이미 경건이 무엇인지에 대해 깊은 이론적 반성을 해 본 적이 있고 그 결과 소위 '신명론(Divine Command Theory)'이라고 불리는 것과 비슷한 입장에 스스로 도달했기 때문이라는 것을 전제한다. 『에우튀프론』의 맥락에서 에우튀프론이 그런 입장을 이미 가지고 있었다는 전제를 받아들일 이유가 전혀 없으며, 사실 그러한 전제는 중세 이후의 종교철학적 입장을 에우튀프론에게 부여하는 다분히 시대착오적인 것이기도 하다. 에우튀프론은 단순히 경건한 것들은 모두 신들의 사랑을 받고 신들의 사랑을 받는 것은 모두 경건하다는 정도의 생각, 즉 양자가 동연적(co-extensive)이라는 생각을 했을 따름이라고 보는 것이 전체

맥락에서 훨씬 더 그럴듯하다. 에우튀프론이 실제로 하는 이야기에서 이것 이상의 생각을 읽을 이유가 전혀 없고, 이후의 논의에서 소크라테스가 제시하는 논박의 핵심도 '경건함'과 '신들에게 사랑받음'의 동연성(co-extensivity)이 '경건'을 '신들에게 사랑받음'으로 정의하는 것을 정당화할 수 없다는 데에 있다. 이와 관련해서는 주 64부터 주 67까지의 주석들을 참조하라.

60 **움직여지기 때문에 '움직여지는 것'입니까** : 소크라테스는 여기에서 수동형 분사와 수동형 동사를 엄격하게 구별하며, 이 구별이 이후의 논증에서 결정적으로 중요한 역할을 수행하게 된다. 소크라테스의 이러한 구별을 자연스러운 우리말에서 엄격하게 유지하는 것은 매우 곤란하기 때문에, 수동형 분사 표현에는 따옴표를 붙이고 수동형 동사 표현에는 따옴표를 붙이지 않음으로써 양자를 구별하기 쉽도록 번역하였다. 원문에는 물론 따옴표가 없다. 이 부분의 논의에서 능동과 수동의 구별이 중요하다고 생각하는 경우가 종종 있는데, 중요한 것은 그 구별이 아니라 동사와 분사의 구별이다. 능동의 경우에도, 예컨대, '사랑하는 자'이기 때문에 사랑하는 것이 아니라 사랑하기 때문에 '사랑하는 자'라는 이야기를 할 수 있을 것이다. 능동이든 수동이든 어떤 동사적 사태가 발생해야 비로소 그 사태를 행하거나 당한 대상이 그 행위와 관련한 분사로 규정될 수 있는 것이지, 거꾸로 분사에 의한 규정이 먼저 주어지고 그다음에 그런 규정을 받은 대상이 그 동사에 해당하는 사태를 수행하거나 당할 수는 없는 것이다.

61 **어떤 것이 변하거나** : '어떤 것이 변하다'로 번역한 그리스어는 'ti gignetai'이다. 이 말은 '어떤 것이 생겨나다'로 번역될 수도 있고 '(무엇인가가) 어떤 것으로 되다'로 번역될 수도 있는데, 여기에서는 이 두 가지 의미를 모두 포괄하는 방식으로 사용된 것으로 보인다. 우리말에서도 양자를 포괄할 수 있도록 '어떤 것이 변하다'라고 옮긴다.

62 **바로 그 때문입니다** : 주 59에서 이야기했듯이, 에우튀프론은 여기에서 비로소 10a에서 제시된 소크라테스의 질문에 대한 답에 해당하는 이야

기를 한 것이다. 모든 신이 사랑하는 것이 경건한 것이라는 제안과 관련해서 아직까지는 에우튀프론의 주장이나 생각 중 어떤 것이 논박되었다고 할 수 없다.

63 '신의 사랑을 받는 것'입니다 : '신의 사랑을 받는 것'에 해당하는 그리스어는 수동형 분사도 아니고 이미 7a부터 따옴표 없이 번역해 왔던 단어이다. 하지만 지금 맥락에서는 이 단어가 따옴표를 사용해서 표시해 왔던 수동형 분사들과 같은 성격을 갖는 것이고 또 우리말로는 여러 단어이지만 그리스어로는 theophiles 한 단어인 점도 드러내 주기 위해서 이 맥락에서는 따옴표를 붙여 주었다.

64 경건한 것이 '신의 사랑을 받는 것'도 아니며 : 소크라테스가 이 앞 문장(주 63이 붙어 있는 문장)에서 하는 이야기의 텍스트를 수정하는 주석가들이 많고 또 수정된 텍스트를 받아들인 번역서들이 많은데, 그 주된 이유는 바로 이 문장 때문이다. 텍스트를 수정하지 않은 OCT를 받아들인 우리의 번역에서 앞 문장의 주어인 '그것'이 가리키는 것은 10d의 첫 번째 문장에 등장하는 '경건한 것'일 수밖에 없다. 그러니까 결국 앞 문장은 경건한 것이 신들의 사랑을 받기 때문에 '신의 사랑을 받는 것'이라는 이야기이다. 그런데 바로 다음 문장인 지금 이 문장에서 소크라테스는 경건한 것이 '신의 사랑을 받는 것'이 아니라고 이야기한다. 텍스트를 수정하는 사람들은 모순처럼 보이는 이러한 상황을 피하기 위해서 앞 문장의 주어로 '신의 사랑을 받는 것'을 추가하는 것이다. 하지만 앞 문장과 지금의 문장은 성격이 다르다는 것을 이해하면 이러한 수정은 불필요하다는 것을 알 수 있다. 지금의 문장이 주장하는 바는, '신의 사랑을 받는 것'이 경건한 것으로 규정될 수 없고 역으로 경건한 것이 '신의 사랑을 받는 것'으로 규정될 수 없다는 것이다. 즉 '신의 사랑을 받음'이 경건의 정의가 될 수 없다는 것이다. 이후의 이야기에서 분명하게 드러나게 되겠지만, 이러한 주장은 '경건한 것'이 '신의 사랑을 받는 것'이라는 형용사에 의해 서술되면 거짓이 된다는 주장을 함축하는 것이 아니다. 경건한 것이 얼마든지 '신의 사랑을 받는 것'이라고 불릴 수

있겠지만, 그 이유는 그것이 경건하기 때문이 아니라 신들에게 사랑을 받기 때문이라는 이야기가 바로 앞 문장에서 하고 있는 이야기의 핵심이다. 이러한 점을 고려하면 오히려 전승되는 텍스트 그대로가 소크라테스의 진의를 더 잘 전달하고 있다고 할 수도 있다.

65 그것이 어떤 존재인지는 : '그것이 어떤 존재인지를 밝혀 주지 않았다'고 번역한 그리스어 원문은 '그것의 ousia를 밝혀 주지 않았다'는 뜻이다. 그리스어 ousia는 영어의 being에 해당한다고 할 수 있다. 이후에 아리스토텔레스에서는 ousia가 '실체'를 의미하는 전문용어로 사용되고, 중세를 거치면서 ousia의 라틴어 번역어인 essentia가 '본질'을 의미하는 전문용어로 사용되게 된다. ousia가 '실체'를 의미하게 될 때는 실체와 속성을 구분하는 형이상학이 전제되어 있는 것이고 ousia(의 번역어인 essentia)가 '본질'을 의미하게 될 때는 본질(essentia)과 존재(혹은 실존, existentia)을 구분하는 형이상학이 전제되어 있는 것인데, 『에우튀프론』의 이 자리에서는 그런 형이상학적 구분이 전제되어 있지 않다. 사실 (주 38에서 잠깐 언급했듯이 논란의 여지가 전혀 없는 것은 아니지만) '있는 것'과 '있기도 하고 있지 않기도 한 것'을 구분하는 플라톤의 중기 대화편들에서의 형이상학적 구분(『국가』 5권 476e-480a)도 여기에 전제되어 있다고 생각하기는 어렵다. 하지만 실체든 본질이든 '있는 것'으로서의 이데아이든 ousia가 이런 것들을 의미할 때, 'ousia'라는 말이 애초에 '어떤 것의 어떤 것으로서의 정체성(identity)'을 나타내는 말이어서 각각의 형이상학적 배경 속에서 그런 것들을 의미하게 된다고 생각할 수 있다. 이 모든 맥락에서 ousia는 '어떤 것이 무엇인가?'라는 질문에 진정으로 대답이 될 수 있는 것, 즉 그것의 정체성을 보여 주는 것을 나타내며, 『에우튀프론』의 지금 맥락에서 소크라테스는 (다양한 형이상학적 전제들에 앞서) 정의를 내리는 작업이란 바로 그런 것을 찾는 작업임을 밝히고 있는 것이다. 그런 의미에서 지금의 논의가 등장하는 『에우튀프론』의 11a는 이후 철학사에서 ousia가 다양한 의미의 전문용어로 사용되게 되는 그 출발점이라고 할 수 있다. 이런 점들을 고려해서 '그

것의 ousia를 밝혀 주지 않았다'는 말을 '그것이 어떤 존재(existence라는 의미가 아니라 정체성을 나타내는 의미에서의 존재)인지를 밝혀 주지 않았다'라고 번역하였다.

66 그것이 어떤 일을 겪는지를 : '그것이 어떤 일을 겪는지를 이야기한다'고 번역한 그리스어 원문은 '그것의 어떤 pathos를 이야기한다'는 뜻이다. pathos는 '겪는다'는 뜻의 동사 paschein의 명사형이다. pathos 역시 이후에 그리스 철학에서 전문용어처럼 사용되어 몇 가지 특수한 의미를 가지게 된다. 가장 전문용어의 특성을 강하게 가지는 것은, 이 단어가 아리스토텔레스의 『수사학』을 거쳐 스토아 철학에서 매우 중요한 개념인 '감정'을 나타내는 단어로 사용되게 된 것이다. 이것은 『에우튀프론』에서의 지금 용법과는 직접적인 관련이 없다. 지금 맥락에서의 용법과 밀접한 관련을 갖는 것은 아리스토텔레스의 형이상학 체계 속에서 이 단어가 사용되는 용법이다. 아리스토텔레스가 실체-속성 형이상학을 확립한 사람이라고 할 때, '속성'에 해당하는 그리스어를 한 단어로 잘라 말하기에는 다소 어려운 점이 있지만 그래도 그에 가장 가까운 것이 바로 pathos라고 할 수 있다. 물론 아리스토텔레스에서 ousia와 pathos의 구별이 『에우튀프론』에서 ousia와 pathos의 구별과 완전히 일치하는 것은 아니다. 하지만 어떤 것이 그것으로서 갖는 정체성을 나타내는 말이 ousia이고 그러한 정체성을 가지는 것이 이러저러한 상황 속에서 이러저러한 상태에 놓인 것을 나타내는 말이 pathos라는 점에서는 공통점이 있다. 아리스토텔레스의 형이상학을 전제하지 않더라도 이런 방식으로 ousia와 pathos를 구별하는 것은 얼마든지 가능한 일이며, 그런 종류의 구별이 정의 내리는 작업을 위해서 필요하다는 생각은 오늘날에도 얼마든지 받아들여질 수 있는 생각이다. 예를 들어, '정사각형'을 '둘레의 길이가 같은 사각형들 중에서 가장 면적이 넓은 사각형'이라고 정의하는 것은 적절하지 않고 '네 변의 길이가 같은 직각사각형'이라고 정의해야 한다고 생각하는 사람은, 적어도 암묵적으로는 정사각형의 ousia와 pathos를 구별하고 있으며 pathos가 아니라 ousia

를 제시해야 정의가 제대로 이루어지는 것이라는 생각을 하고 있는 것이다.

67 **거기에 대해서는 우리가 의견 차이를 보이지 않을 테니** : 여기에서 소크라테스는 에우튀프론이 제시한 정의의 문제가 그가 제시한 명제가 참이 아니라는 데 있지 않다는 것을 명시적으로 밝히고 있다. '경건한 것은 신들에게 사랑받는 것이다'라는 명제는 참이다. 하지만 이 명제가 '경건한 것'의 정의 역할을 할 수는 없다.

68 **다이달로스** : 다이달로스는 그리스의 전설적인 장인이다. 크레타 미노스 왕의 궁전과 미노타우르스의 미궁을 제작했으며 이카로스의 아버지로 그 유명한 날개를 만든 자이기도 하다. 다이달로스가 만든 조각상들은 걸어 다니기도 했다는 전설이 있으며, 지금 소크라테스가 하고 있는 이야기는 그 전설에 대한 것이다. 『메논』 97d-e에도 다이달로스의 걸어 다니는 조각상에 대한 언급이 있다. 다이달로스가 소크라테스의 선조라는 이야기는 『알키비아데스 I』 121a에도 등장한다.

69 **탄탈로스의 재산** : 탄탈로스는 저승에서 받는 벌로 유명한 인물이다. 그는 자신의 아들 펠롭스를 죽여 신들의 잔치에 내놓는다. 이에 대한 대가로 그의 가문은 저주를 받아 대대로 자식 살해와 식인, 인신 공양 등의 비극이 이어지게 된다. 펠롭스의 아들이 아트레우스이며, 아트레우스의 아들이 아가멤논, 그의 아들이 오레스테스로 이들은 그리스 비극의 단골 소재가 된다. 탄탈로스 자신은 먹을 것과 관련한 벌을 받는다. 목까지 물에 잠겨 있고 머리 바로 위에는 과일달린 나뭇가지가 있지만, 물을 마시려고 하면 물이 내려가고 손을 뻗으면 가지가 올라가서 먹지도 마시지도 못하게 되는 것이다. 영어 tantalize가 바로 이러한 신화에서 유래했다. 탄탈로스의 어머니는 님프인 플루토로, 그녀의 이름은 하데스의 다른 이름인 플루톤과 부유함의 신 플루토스를 함께 연상시킨다. 지금 구절에서 볼 수 있듯이, 그리스에서 탄탈로스는 부유함의 대명사처럼 여겨지기도 했다.

70 **게으름을 부리는 것 같으니** : 해당하는 그리스어는 tryphan으로 지나치

게 부유해서 버릇이 없어지거나 제멋대로 행동하게 되는 경우에 사용하는 말이다. 지금의 맥락에서는 에우튀프론이 지혜가 너무 많아서 논의에 공을 들이지 않는다는 뉘앙스로 이 단어가 사용되었다고 할 수 있다.

71 **더 젊잖아요** : 여기에는 일종의 언어유희가 있다고 생각할 수 있다. 우리말에서도 그렇듯이 그리스어에서도 '따라간다'는 말은 일차적으로 달리기나 걷기에서 보조를 맞추는 것을 의미하며 의미전성에 의해 논의를 이해하면서 보조를 맞추는 것을 의미하게 된 것이다. 소크라테스는 에우튀프론이 더 지혜롭고 더 젊으니 어떤 의미에서도 자신과 보조를 맞추는 데 문제가 있을 수 없다는 이야기를 하고 있다고 볼 수 있다.

72 **이 모든 것을 낳은 자도 그 일을 한 제우스를 비난하려 하지 않네** : 소크라테스가 인용하는 시구는 '퀴프로스 서사시들'이라고 알려진 시들에 속하는 것이다. 퀴프로스 서사시들의 저자는 정확히 알려져 있지 않은데, 헤게시아스나 스타시노스라는 시인들이 저자라는 고대의 보고가 있다. 인용된 시구의 이 부분은 텍스트에 문제가 있고 시의 맥락도 알 수 없어서 정확한 의미를 파악하기 어렵다. 지금의 번역은 OCT의 텍스트 수정을 따른 것이다. 이 경우 이 시의 내용은 아마도 어떤 신인 것으로 보이는 누군가가 어떤 일들을 벌이고서 제우스로부터 그 대가를 치르게 되었지만 그에 대해 제우스를 비난하지 않는다는 이야기 정도가 될 것으로 생각된다. 이런 식으로 이해하게 되면, 이 시는 두려움과 부끄러움 때문에 누군가가 자신보다 더 상위의 존재를 비난하지 않는다는 이야기가 된다. 이런 이야기와 에우튀프론의 관련성에 대해서는 주 92를 참조하라.

73 **부끄러워하고 창피해하면서** : '부끄러워하다'고 번역한 그리스어는 aideisthai이고, '부끄러움'이라고 번역하고 있는 aidōs의 동사형이다. 사실 aidōs는 그리스 문화에서 매우 중요한 개념으로 단순히 '부끄러움'이라고 옮기기에는 부족한 측면이 있다. 간단히 말해서 아이도스는 신들과 다른 사람들의 감정과 견해에 대한 두려움과 존중, 그리고 그러한 감정을 상하게 했을 때나 그러한 견해에 어긋나는 행동을 했을 때

부끄러워할 줄 아는 염치 등을 포괄하는 개념이다. 적절한 아이도스를 갖지 못한 것을 hybris라고 하며, 전통적인 그리스 종교의 맥락에서 가장 큰 잘못이 바로 휘브리스라고 할 수 있다(이에 해당하는 정확한 우리말을 찾기는 어렵고, 보통 '오만불손' 정도로 번역한다). 그리스 비극들의 주제를 거칠게 한마디로 정리하자면, 휘브리스 때문에 인간이 고통받는 것이라고 할 수 있을 정도이다. aidesthai는 아이도스와 관련된 의미를 모두 갖는 동사이지만, 지금의 맥락에서는 소크라테스가 '창피해하다'는 의미가 분명한 aischynesthai를 aideisthai와 병치시킴으로써 부끄러워한다는 의미 계기를 부각시키고 있다고 할 수 있다. 사실 아이도스의 여러 의미 계기 중에서 핵심이 되는 것은, 지금 소크라테스의 이야기에서도 어느 정도 시사되듯이, 잘못된 일에 대해 부끄러워할 줄 아는 염치일 가능성이 있다.

74 **경건한 것이 정의로운 것의 부분이어서**: 이후의 논의에서는 경건이 정의의 부분이라는 것이 승인된 채로 논의가 진행된다. 하지만 경건과 정의를 포함하여 모든 덕목들이 단일한 것이라는 주장이 제시되는 『프로타고라스』에서는 소크라테스가 경건이 정의로운 것이고 정의는 경건한 것이라고 주장한다(331a-c). 덕의 단일성에 대한 소크라테스의 입장이 무엇인지를 파악하는 데 있어 『에우튀프론』의 지금 구절을 어떻게 이해할지는 중요한 문제이다. 『에우튀프론』과 『프로타고라스』에서 소크라테스의 입장이 바뀌었다는 해석도 있을 수 있고, 경건이 어떤 의미에서는 정의의 부분이지만 어떤 의미에서는 정의와 동일하다는 해석도 있을 수 있으며, 경건이 정의의 부분이라는 것이 『에우튀프론』의 맥락에서도 사실은 승인될 수 없는 것이라는 해석도 있을 수 있겠다.

75 **짝수는 수의 어떠한 부분이냐고, 그래서 이 수는 무엇이냐고 묻는다면**: 아리스토텔레스 이래로 정의 내리기의 가장 표준적인 방식은 유와 종차를 제시하는 것으로 확립된다. 짝수가 수의 어떤 부분인지를 이야기하는 것이 짝수가 무엇인지를 이야기하는 것이 된다는 생각은 유와 종차를 제시하는 것이 정의를 내리는 것이라는 생각의 효시일 것이다.

76 **부등변수가 아니라 이등변수인 것** : 고대 그리스에서는 수론이 기하학적인 방식으로 전개되었다. '부등변수'라는 말은 원래 부등변삼각형을 나타내는 말이고, '이등변수'라는 말은 이등변삼각형을 나타내는 말이다. 『테아이테토스』 147e-148a에는 '정사각수'와 '직사각수'에 대한 언급이 등장한다.

77 **보살핌** : '보살핌'으로 번역한 그리스어는 therapeia이다. 신전을 짓고 신들에게 제사를 드리는 일, 부모를 봉양하는 일, 자식들을 돌보는 일, 환자를 치료하는 일 등이 모두 테라페이아라고 불릴 수 있다. 이런 모든 행위를 포괄할 수 있는 우리말을 찾기는 쉽지 않지만, '보살핌'이 그나마 가장 근접한 단어라고 생각해서 이렇게 번역하였다.

78 **작은 것 하나가 더 필요합니다** : 작은 것 하나가 더 필요하다는 이야기를 문자 그대로 이해하면 그 작은 것 하나만 채워지면 원하는 대답을 얻을 수 있다는 이야기이니, 이제 거의 대답에 도달했다는 뜻이 될 것이다. 하지만 『프로타고라스』 329b에서 볼 수 있듯이 플라톤의 대화편들에서는 '작은 것 하나'가 실제로는 엄청나게 큰 문제이며 사실상 가장 중요한 문제일 수도 있다. 이와 관련해서 주 84를 참조하라.

79 **말 사육사** : '말 사육사'로 번역한 그리스어 hippikos는 보통은 말을 탈 줄 아는 사람을 가리키는 말이다. 하지만 영어에서 horseman이 보통은 말을 탈 줄 아는 사람을 가리키지만 말 사육사를 가리키는 말로도 사용될 수 있듯이, 그리스어에서도 그러한 용법이 가능했던 것으로 보인다.

80 **개 조련사** : '개 조련사'로 번역한 그리스어 kynēgetikos는 보통은 사냥꾼을 가리키는 말이다. 어원적으로 '개를 이끌 줄 아는 사람'이라는 뜻인데, 당시에 사냥을 할 때는 대개 개를 부려서 했기 때문에 이런 단어가 사용되었을 것이다. 그런데 아담이 지적하듯이, 여기에서 '이끌다(agein)'라는 단어는 '훈련시키다' 혹은 '교육시키다'는 의미도 가질 수 있어서 '개를 이끌 줄 아는 사람'이라는 어원적 의미를 갖는 단어가 '개 조련사'의 의미로 쓰일 수도 있었던 것으로 보인다.

81 동의하지 않습니다 : 여기에 동의하는 것은 인간이 신들보다 우월한 존재라는 데 동의하는 것이 된다. 이것은 주 73에서 언급했던 휘브리스의 가장 극단적인 형태가 될 것이다.

82 완전히 훌륭한 : '완전히 훌륭한'이라고 번역한 그리스어는 pankalos로 이 단어는 '전체'를 뜻하는 pan과 kalos가 합쳐진 단어이다. 그리고 kalos는 7d에서 '아름다운'이라고 번역했던 단어이다. 그리스어 kalos는 미적 가치와 도덕적 가치를 포함하여 모든 종류의 긍정적 가치를 지니는 것을 나타낼 수 있는 말이다. 그래서 칭찬이나 찬미를 받고 감탄을 자아내며 명예를 얻을 만한 것들은 모두 kalos라고 불릴 수 있다. 우리말로는 '아름다운', '멋진', '훌륭한' 등으로 번역될 수 있는 말이라고 하겠다. 지금의 논의 맥락에서 장군들이 성취해 내는 전쟁에서의 승리나 농부들이 성취해 내는 땅에서 나는 양식 등을 '아름다운 것'이라고 하는 것이 어색해서 여기에서는 '훌륭한'이라는 번역어를 사용하였다.

83 신들은 많은 훌륭한 것들을 성취해 냅니다 : 버넷과 하이델, 엠린-존스 등은 여기에서 에우튀프론이 5d에서처럼 다시 사례들을 열거하는 데로 돌아갔다고 이야기한다. 주 39)에서 이야기했듯이 5d에서 에우튀프론이 단순히 사례들을 열거했다고 하는 것도 최선의 해석은 아닌 것 같지만, 여기에서는 그가 사례들을 열거했다는 평가 자체가 이상해 보인다. 에우튀프론의 대답은 그리스어로는 그냥 '많은 훌륭한 것들'이다. 버넷 등의 해석은 그의 대답을 '신들이 성취해 내는 그 완전히 훌륭한 것은 많은 훌륭한 것들입니다'라는 식으로 이해하는 것이다. 그런데 일단 '많은 훌륭한 것들'을 '완전히 훌륭한 것'의 '사례'라고 하는 것도 이상스러울 뿐 아니라, 애초에 에우튀프론의 대답을 이런 식으로 이해하는 것 자체가 이상스럽다. 도대체 '완전히 훌륭한 것은 많은 훌륭한 것이다'라는 식의 주장을 할 사람이 누가 있겠는가? 에우튀프론을 지나치게 폄하하지 않는다면, 그는 '많은 훌륭한 것들'을 '완전히 훌륭한 것'의 술어로 대답한 것이 아니라 '신들이 성취해 낸다'의 목적어로 대답했다고 보는 것이 더 자연스럽다. 이 경우 그는 '신들이 성취해 내는 그

완전히 훌륭한 것을 이야기하라'는 소크라테스의 요구에 대해서 '신들은 완전히 훌륭한 것 하나를 성취해 내는 것이 아니라 많은 훌륭한 것을 성취해 낸다'는 식으로 대답하는 것이 된다. 이후의 대화 전개도 이런 식으로 이해했을 때 더 자연스러워 보인다.

84 거의 대답에 도달한 순간에 거기서 돌아서 버렸으니까요 : 많은 학자들이 소크라테스의 이 이야기를 경건이 무엇인지에 대한 대답이 『에우튀프론』에서 사실상 주어진 것이라는 신호로 이해한다. 13e에서 이야기된 '우리를 섬기는 자로 삼아서 신들이 성취해 내는 그 완전히 훌륭한 것'을 제시하면 경건에 대한 정의를 내릴 수 있다고 생각하는 것이다. '그 완전히 훌륭한 것'이 무엇인지에 대해서는 이렇게 생각하는 학자들 사이에서도 의견이 갈린다. 좋음을 우주 전체에 실현하는 것, 좋은 나라를 만들어서 사람들을 훌륭하게 이끄는 것, 사람들의 영혼을 훌륭한 상태로 만드는 것 등이 보통 그 후보로 제안되는 것들이다. 그런데 어쩌면 '거의 대답에 도달했다'는 이야기가 소크라테스의 반어법(eironeia)일지도 모른다. '거의 대답에 도달했다'는 이야기는 다른 말로 하자면 13a에서 이야기된 '작은 것 하나가 더 필요하다'는 이야기가 될 것이다. 주 78)에서 이야기했듯이, 『프로타고라스』 329b에서 '작은 것 하나만 가지면 전부 가질 수 있다'는 소크라테스의 이야기는 명백한 반어법이었다. 대화편 전체의 3/5에 해당하는 논의가 '그 작은 것' 하나를 갖기 위해 이루어지며, 그렇게 많은 논의를 하고도 결국 적어도 형식적으로는 그 작은 것 하나를 갖는 데 실패하는 것으로 대화편이 끝나는 것이다. 『에우튀프론』에서 경건에 대한 정의가 사실상 주어졌다고 생각하는 사람들은 12d 이하에서 경건이 정의의 부분이라고 이야기된 것이 아무런 문제없이 승인되었다고 생각하는 셈이 된다. 그런데 주 74에서 이야기했듯이, 경건과 정의의 관계는 사실 그렇게 간단하지 않을 수 있다. 『에우튀프론』은 소위 '아포리아(aporia)'로 끝나는 대표적인 대화편, 즉 문제가 해결되지 않은 채로 끝나는 대표적인 대화편이다. 만약 플라톤이 이 대화편을 아포리아로 끝냈다는 사실을 보다 더 진지하게 고려한

다면, 『에우튀프론』에서 진행되는 논의는 경건이 무엇인지에 대한 답을 은연중에 숨겨놓은 것이 아니라 경건과 관련해서 간단히 해결되기 어려운 진정한 문젯거리가 있다는 것을 보여 주는 것일 가능성도 있다.

85 **질문하는 사람은 질문받는 사람이** : 텍스트 상태가 좋지 않다. 사본들에는 '질문하다(erōtan)'와 '사랑하다(eran)'가 이리저리 뒤섞여 있다. 아담과 버넷은 모두 '사랑하는 사람은 사랑받는 사람이'의 뜻으로 되어 있는 T 사본을 받아들이지만, 의미가 더 잘 통하는 아르메니아 사본을 받아들인 OCT 신판에 따라 번역하였다.

86 **그렇게 부르는 것이 더 즐거우시다면** : 에우튀프론은 자신의 입장을 경건함이 상거래 기술이라는 주장으로 묘사하는 데 대한 거부감을 이런 식으로 표현하는 것이라고 할 수 있다. 전통적인 그리스 종교에서 신들과 인간들의 관계는 호혜적이다. 인간은 신들에게 적절한 제사를 지내고 신들은 인간에게 적절한 축복을 내려 준다. 소크라테스가 이런 식으로 이루어지는 호혜적 관계를 '상거래기술'이라고 부르는 자체가 전통적 종교관에 대한 비판이라고 생각할 수 있다.

87 **이익을 얻는다고 생각하시나요?** : 에우튀프론은 신들이 인간에게 받는 제사로부터 이득을 본다는 것을 부정한다. 이 점에 대해서는 소크라테스도 전적으로 동의를 할 것이다. 하지만 에우튀프론의 이런 입장이 그리스 신화의 전통과 완전히 부합하는 것인지는 분명하지 않다. 주 86에서 이야기했듯이, 그리스 신들과 인간들 사이의 관계는 호혜적이다. 그리고 그리스 신화 중에는 인간에게 받는 제사로부터 신들이 이득을 본다는 것을 시사하는 이야기들이 있다. 『국가』 2권 364b-366b에서 아데이만토스는 부정의한 자가 신들에게 뇌물을 주어서 벌을 피한다는 전통적인 이야기들을 언급하는데, 신들에 대한 뇌물이 기능하기 위해서는 그 뇌물들로부터 신들이 이득을 본다는 것이 전제되어 있을 것이다. 보다 구체적인 예는 데메테르의 분노 이야기이다. 딸인 페르세포네가 하데스에게 납치당한 것에 분노한 데메테르는 인간들에게 극심한 기근을 내린다. 인간들이 기근 때문에 멸종하면 신들이 제사를 받을

수 없게 될 것을 걱정한 제우스가 중재에 나서서 데메테르는 페르세포네를 돌려받게 된다. 제우스가 중재에 나선 이유가 인간의 멸종 자체가 아니라 신들이 제사를 받지 못하게 될 것을 걱정해서였다는 사실은 두 가지 중요한 함축을 가진다. 첫째, 신들이 인간에게 특별히 호의적인 존재가 아니다. 둘째, 제사를 받지 못하는 것을 걱정할 정도로 제사를 통해서 신들이 이득을 본다. 우라노스와 크로노스, 제우스 등의 이야기, 신들과 거인 족들과의 싸움 이야기 등을 믿는 에우튀프론이 데메테르의 분노 이야기도 믿었을지는 알 수 없다. 대중들보다 자신이 종교적인 문제와 관련한 앎에서 우월하다는 강한 자신감을 가지고 있는 에우튀프론은 전통적인 신화에 나오는 이야기들을 모두 믿지는 않았을 가능성이 높아 보인다.

88 **명예와 명예의 징표** : 전통적으로 그리스 사회에서는 명예(timē)는 단순히 추상적이기만 한 것이 아니라 구체적이고 물질적인 계기를 함축한다. 그리고 그러한 물질적 계기를 보다 명시적으로 드러내는 말이 geras이다. '명예의 선물', '특전', '특권', '보상' 등으로 번역할 수 있는 말인데, 여기에서는 '명예의 징표'라고 번역한다.

89 **흡족함** : '흡족함'이라고 번역한 그리스어는 charis이다. 카리스는 기본적으로 상대방에게 기쁨을 주는 호의를 의미한다. 또한 아리스토텔레스가 『니코마코스 윤리학』 5.5.1133a3-5에서 호혜적인 보답(antapodosis)이 카리스의 고유한 특징이라고 이야기하듯이, 이러한 호의에는 항상 기쁨을 주는 호의를 되받을 것이 기대된다. 그리고 카리스를 또 카리스로 갚는 호혜적인 관계가 지속되는 바탕에는 카리스를 받는 자가 느끼는 감사나 흡족함이 있기 마련이다. 신들과 인간들 사이의 카리스 관계에서 드러나는 호혜성을 어떻게 이해해야 하는지는 아마도 경건이 무엇인지를 이해하는 것과 관련한 핵심 문제일 것이다. 『에우튀프론』의 맥락에서는 에우튀프론이 이 문제를 설명할 수 없어서 결국 경건의 정의를 내리는 데 실패하게 된다고 볼 수 있다. '카리스'라는 말이 담고 있는 복잡한 내용을 하나의 번역어에 모두 담기는 어려우며, 지금

의 맥락에서는 '흡족함' 정도의 번역어가 가장 맥락에 맞는 것으로 보인다.

90 **이익이 되거나 사랑스러운 것은 아니군요?** : 에우튀프론의 대답은 결국 경건이 신들에게 흡족한 것이라는 귀결을 갖게 되었다. 하지만 13c에서 그리고 바로 앞 문장에서 에우튀프론은 경건한 것이 신들에게 이익을 주는 것임을 부정하였고, 11b까지의 논의를 통해서 경건한 것이 신들에게 사랑받는 것으로 규정될 수 없다는 데에 동의하였다. 그런데 이익이 되는 것도 아니고 사랑스러운 것도 아니라면 흡족한 것이란 도대체 어떤 것이 될 수 있는지가 불분명하며, 소크라테스는 그 점을 지적하고 있는 것이라고 볼 수 있다. 그리고 이러한 사실은 이후 논의와 관련해서 중요성을 갖는다. 물론 에우튀프론은 지금의 논의를 11b 이전의 논의와 연결 짓지 못하고 흡족한 것은 신들에게 사랑스러운 것이라고 대답한다. 그런데 경건한 것이 신들에게 사랑스러운 것, 즉 신의 사랑을 받는 것이라는 성격을 갖는다는 사실 자체는 소크라테스도 부정하지 않는다(11b). 소크라테스가 부정하는 것은 '경건한 것'이 '신의 사랑을 받는 것'으로 규정된다는 것이다. 신들에게 흡족한 것이 신들에게 사랑받는 것이라는 성격을 갖는다는 것만으로는 아직 에우튀프론의 경건 규정이 실패했다고 할 수 없다. 에우튀프론이 만약 신들에게 사랑받는 것이라는 성격 말고 흡족한 것의 다른 성격을 제시할 수 있다면, 그것을 통해서 경건을 규정할 수 있는 가능성이 여전히 남게 되는 것이다. 하지만 이익과 사랑스러움 외에 흡족함이 가질 수 있는 다른 성격이 없다면 그러한 가능성도 자동적으로 배제되어 버린다.

91 **프로테우스 신** : 프로테우스는 바다의 신으로 여러 형태로 모습을 바꿀 수 있는 것으로 유명하다. protean이라는 영어 단어가 바로 이 신의 이름으로부터 유래한 것이다. 지금 소크라테스가 하는 말은 『오디세이아』 4.382-570에 나오는 이야기를 염두에 두고 있는 것이다. 여기에서 메넬라오스는 여러 모습으로 변하는 프로테우스를 끈질기게 붙들어서 결국 자신이 어떻게 집으로 돌아갈 수 있는지를 비롯해 (작은) 아이아스

와 아가멤논과 오뒤세우스가 어떤 상태인지에 대한 참된 이야기를 듣게 된다.

92 그 일을 하는 것이 옳지 않을지도 모르는 위험 때문에, 신들을 두려워하고 또 사람들 앞에 창피해했을 겁니다 : 우리말의 자연스러움을 위해서 구문구조를 약간 달리 번역하였다. 12a-c에서 정의와 경건의 관계를 이야기하기 위해 소크라테스가 하필 두려움과 부끄러움의 관계로 예를 든 것은 지금과 같은 생각을 염두에 두었기 때문이라고 볼 수 있다. 더구나 그때 인용했던 시가 주 72에서 추정한 대로의 내용이었다면, 실질적으로는 지금의 생각을 그때 이미 은연중에 내비쳤다고 할 수 있다. 이와 관련해서, 소크라테스가 에우튀프론에게 4e에서 아버지를 법정에 세우면서 자신도 불경한 일을 하는 것은 아닐지 무섭지 않냐는 질문을 던졌다는 것도 기억할 만하다.

작품 안내

1. 『에우튀프론』 읽기

『에우튀프론』은 『소크라테스의 변명』, 『크리톤』, 『파이돈』과 함께 불경죄로 고소를 당하여 사형에 이르기까지 소크라테스의 최후의 순간들을 묘사하는 대화편들 중 하나이다. 잘 알려져 있듯이, 『파이돈』은 소크라테스가 독배를 마시는 날의 대화를 다루고, 『크리톤』은 그가 감옥에 있을 때 탈옥을 권유받는 일을 다루며, 『소크라테스의 변명』은 그가 재판정에서 자기 변론을 하고 결국 유죄 선고를 받는 장면을 다룬다. 그리고 『에우튀프론』은 재판을 받기 직전의 일을 다루는 것이다. 고대에는 '경건에 관하여'라는 부제가 붙여지기도 했던 『에우튀프론』은 재판을 위한 예비 심리를 받으러 가던 소크라테스가 경건 전문가임을 자처하는 에우튀프론을 만나서 그에게 경건이 무엇인지를 묻고 그에 대해 논의하는 짧은 대화를 담고 있다.

플라톤의 대화편들을 초기와 중기와 후기로 구분할 때 『에우튀프론』은 일반적으로 초기 대화편으로 간주된다. 사실 플라톤의 대화편들의 저술 시기를 정확하게 알 수는 없다. 19세기부터 학자들은 플라톤의 각 대화편이 언제 쓰였는지에 대해 갑론을박을 벌여 왔고, 특히 객관적인 증거에 의해서 대화편의 저술 시기를 결정하기 위해 다양한 방식의 노력을 기울여 왔다. 그 결과 20세기 말에 이르러서는 객관적인 증거를 가지고 저술 시기에 대해 이야기할 수 있는 것은 『법률』, 『소피스트』, 『정치가』, 『크리티아스』, 『티마이오스』, 『필레보스』 등 여섯 대화편(가나다순)이 후기에 쓰였다는 것밖에 없다는 데 대강의 합의가 이루어졌다. 뒤집어서 말하자면, 한 대화편이 다른 대화편을 언급하고 있다든지 하는 몇 가지 예외를 제외하면, 이 여섯 후기 대화편의 상대적인 저술 시기는 물론 나머지 대화편들이 초기 대화편인지 중기 대화편인지 등에 대해서도 객관적인 증거에 입각해서 할 수 있는 이야기는 아무것도 없다는 것이다. 따라서 어떤 대화편이 초기 대화편이니 중기 대화편이니 하는 이야기들은 모두 학자들의 추정일 따름이다.

학자들이 대화편의 저술 시기를 추정할 때 사용하는 근거는 보통 세 가지 유형으로 구분할 수 있다. 첫째는 철학적 근거로,

대화편의 등장인물들(소크라테스에 국한될 이유는 없으나 대체적으로는 소크라테스라는 등장인물)이 하는 이야기가 통상적으로 플라톤의 형이상학적, 인식론적, 윤리학적 입장이라고 알려진 것들과 얼마나 비슷한지 여부를 기준으로 시기를 추정하는 것이다. 아주 단순화해서 거칠게 이야기하자면, 소위 '표준적인 이데아 이론'이 등장하는 것은 중기 대화편이고, 이 이론에 대한 반성의 흔적이 보이는 것은 후기에 가까운 대화편, 이 이론이 아직 등장하지 않은 것으로 보이는 것은 초기 대화편이라는 것이다.

둘째는 문학적 근거로, 대화편의 드라마적 형식과 문체가 통상적으로 알려진 플라톤의 철학적 입장을 담고 있는 대화편들과 얼마나 비슷한지 여부를 기준으로 시기를 추정하는 것이다. 역시 거칠게 말하자면, 주인공 격인 등장인물 소크라테스가 자신의 주장을 적극적으로 개진하고 그 주장을 정당화하기 위한 긴 논증을 제시하는 대화편들은 중기 이후의 대화편들이고, 소크라테스는 무지를 자처하며 질문자의 역할만 담당해서 짧은 문답식 대화가 이루어지고 대화가 아무런 결론을 내리지 못하고 끝나는 대화편들은 초기 대화편이라는 것이다.

셋째로는 후대의 보고, 특히 아리스토텔레스의 보고이다. 소크라테스가 주인공으로 등장하는 글들은 당대에 여러 작가에 의해 쓰였는데, 오늘날 남아 있는 것은 크세노폰과 플라톤의 작품들이다. 그런데 아리스토텔레스가 소크라테스에 대해서 보고하는 내용들은 대개 크세노폰 보다는 플라톤의 작품에 등장하는 소크라테스와 일치한다. 다른 한편 아리스토텔레스가 플라톤에 대해서 보고하는 내용들 중 상당 부분은 또 플라톤 작품에 등장하는 소크라테스와 일치한다. 그래서 플라톤의 대화편에서 등장인물 소크라테스가 하는 이야기나 작업들은, 아리스토텔레스가 소크라테스에 대해 보고하는 내용과 잘 어울리는 경우도 있고 플라톤에 대해 보고하는 내용과 잘 어울리는 경우도 있다. 이때 전자의 경우라면 초기 대화편이고 후자의 경우라면 중기 이후의 대화편이라는 것이다.

20세기 말 이후에는 이 세 가지 기준들이 모두 충분한 근거가 못 된다는 비판이 다양하게 제기되기도 했고, 명백하게 이 기준들에 어긋나는 방식으로 대화편의 시기 추정에 대한 합의가 이루어진 경우들도 있다. 하지만 그렇다고 하더라도 여전히 이 기준들은 시기 추정에서 중요하게 고려되는 사항들임을 부정할 수는 없다. 그리고 『에우튀프론』은 이 세 가지 기준 모두에서 전형적인 초기 대화편이라고 할 수 있다.

아리스토텔레스의 보고에 따르면, 소크라테스는 자연세계 전체를 다루는 것이 아니라 윤리적인 문제들을 다루면서 거기에서 보편적인 것을 추구했고, 처음으로 정의 내리는 일을 철학의 주요 관심사로 삼았다고 한다(『형이상학』 1권 987b1-4). 『에우튀프론』에서 소크라테스가 에우튀프론에게 경건이 무엇인지에 대한 질문을 던지고 그의 대답들을 검토한다는 사실만으로도 이 대화편에 등장하는 소크라테스의 모습은 아리스토텔레스의 이러한 보고 내용과 부합한다고 할 수 있을 것이다. 그런데 『에우튀프론』은 여기에서 한 발짝 더 나아가서 정의를 내린다는 것이 도대체 어떤 행위인지에 대한 비교적 체계적인 논의를 포함하고 있기도 하다. 뒤에서 더 이야기하겠지만, 플라톤의 대화편들 중에서 정의를 내리는 일 자체가 소크라테스의 주요 관심사라는 것을 가장 분명하게 보여 주는 대화편이 『에우튀프론』이라고 할 수 있다.

철학적인 측면에서 『에우튀프론』에 플라톤의 이데아 이론이 등장하는지에 대한 논란이 있기는 하다. 하지만 이 논란은 부분적으로 '플라톤의 이데아 이론'이라는 말로 무엇을 의미하는지와 상관이 있다. 논란에 참여한 학자들 누구도 『에우튀프론』에 '표준적인 이데아 이론', 즉 '있는 것'과 '있기도 하고 있지 않기도 한 것'의 존재론적 구별과 이 구별에 수반하는 앎(epistēmē)과 믿음(doxa)의 인식론적 구별이 등장한다고 생각하는 사람은 없다. 물론 『에우튀프론』에도 '이데아'에 해당하는 그리스어인 idea와 eidos가 등장한다. 하지만 대화편의 맥락 속에서 이 단어들은 표준적 이데아 이론에서의 강한 존재론적 함축 없이, 소크라테스가 윤리적인 문제에서 보편적인 것을 추구했다는 내용을 압축적으로 보여 주는 역할을 수행하고 있을 따름이다. 다른 말로 하자면, 『에우튀프론』에서 이 단어들이 사용되는 것은 존재론적 관심보다는 정의 내리는 작업에 대한 관심에 따른 것이다. 이에 대해서도 뒤에서 더 이야기하겠다.

드라마적인 측면에서 『에우튀프론』은 대화가 난문(aporia)에 봉착해서 결론을 내리지 못하고 끝나는 소위 '아포리아적 대화편(aporetic dialogue)'의 전형이다. 잘 알려져 있듯이, 플라톤은 위작이 아닌 것으로 추정되는 몇 편의 편지글을 제외하면 자신의 전 작품을 대화편의 형식으로 저술했다. 대화편이라는 형식이 철학적인 내용을 담기에 별로 적절한 그릇은 아니라고 생각할 여지가 있는데, 그럼에도 불구하고 플라톤이 평생 대화편의 형식을 고수하는 데에는 그럴 만한 이유가 있었을 것으로 짐작해 볼 수 있다. 그리고 그러한 이유가 가장 두드러지게 드러나는 것이 아포리아적 대화편들이다. 정의 내리는 작업에 대해서는 뒤에서 이야기하기로 했으니, 이 자리에서는 플라톤이 『에우튀프론』을 (비롯해 특히 초기로 추정되는 여러 대화편들을) 아포리아적 대화편으로 저술한 이유에 대해서 간단히 이야기해 보기로 하겠다.

먼저 대화편이라는 형식이 왜 철학적 내용을 담기에 적절하지 못한 그릇으로 여겨질 수 있는지부터 생각해 보자. 철학은 기본적으로 진리 추구의 활동이며, 진리는 일반적으로 보편타당성을 갖는 것으로 간주된다. 그래서 철학적 주장은 보통 누구나 받아들이는 전제들로부터 자신의 주장을 이끌어 냄으로써 자신의 주장이 보편타당하다는 것을 증명하려는 논증의 형태로 제시된다. 이에 비해서 대화는 시공간의 제약을 받는 일회적 사건이다. 대화 상대자들이 무엇인가에 합의를 했다고 해서 그것이 보편타당한 진리의 지위를 가지는 것은 아니다. 더구나 플라톤의 대화편들에서 소크라테스의 대화 상대자로 등장하는 인물들은 종종, 『에우튀프론』의 에우튀프론이 그러하듯이, 철학적 논의에 익숙하지 않은 사람들이다. 그래서 독자의 입장에서 보면 대화 상대자가 소크라테스에게 제대로 대응하지 못해서 대화의 방향이 엉뚱하게 흘러가는 것처럼 느껴질 수도 있다.

플라톤이 대화편의 형식을 취해서 글을 쓴 이유는, 역설적으로, 대화가 가지는 이러한 불완전한 성격 때문이라고 할 수 있다. 플라톤은 자신의 작품 곳곳에서 책에 대한 불신을 표명한다. 책은 "대답할 줄도 모르고 스스로 질문을 던질 줄도 모르기"(『프로타고라스』 329a) 때문에, 책을 읽는 사람들은 "가르침이 없어도 … 듣기는 많이 들어서 많이 아는 사람처럼 보이겠지만 … 지혜로워지는 대신 지혜로워 보이게"(『파이드로스』 275b) 될 뿐이라는 것이다. 다른 말로 하자면, 설사 어떤 책이 보편타당한 진리를 담고 있다고 하더라도 단지 그 책을 읽는 것만으로는 진정한 의미에서의 배움이 이루어질 수 없다는 것이다. 플라톤의 대화편에서 이런 이야기를 하는 것으로 묘사되는 것은 소크라테스이고, 이것은 아마도 역사적인 소크라테스가 실제로 아무런 저작을 남기지 않은 이유에 대한 플라톤의 해명이라고 볼 수도 있겠다. 하지만 이런 이야기를 우리에게 전하는 것은 결국 책을 통해서일 수밖에 없다는 것이 플라톤의 딜레마이다. 실제 대화는 그야말로 일회적이고, 일회적인 대화가 2500년이라는 시간의 간격을 넘어서 우리에게 전달될 수는 없는 것이다.

대화편의 불완전성은 이러한 딜레마를 극복할 수 있는 묘안이 된다. 특히 『에우튀프론』을 비롯한 아포리아적 대화편들에서 대화편의 불완전성이 더욱 극대화되며, 바로 그렇기 때문에 이러한 대화편들이 딜레마의 극복이라는 목적을 위해서는 더욱 효과적이다. 『에우튀프론』에서는 경건이 무엇인지라는 질문이 던져지고 그에 대한 대답 후보 몇 가지가 검토된다. 검토 결과 이들 모두가 충분한 대답이 되지 못한다는 것이 확인된 후에 에우튀프론은 어딘가 급히 가야 한다면서 자리를 떠나며 그것으로 대화가 끝난다. '경건에 대하여'라는 부제가 붙은 책으로부터 경건이 무엇인지에 대한 보편타당한 진리의 말씀을 읽기를 기대하는 독자의 입장에서는 정말 허무하기 짝이 없는 노릇이다. 하지만 그러한 허무함은 수동적으로 책을 읽는 것만으로 무엇인가를 배울 수 있으리라는 착각의 여지 자체를 남겨 두지 않는다.

독자는 『에우튀프론』을 읽는 것을 통해서 경건이 무엇인지에 대한 '정답'을 얻게 되지는 않는다. 그 대신에 등장인물들과 함께 경건이 무엇인지를 같이 생각해 볼 기회를 얻게 된다. 독자가 스스로 해당 주제에 대해서 생각해 보도록 만드는 것, 이것이 바로 플라톤이 자신의 목소리로는 아무런 이야기를 하지 않으면서 다른 사람들을 내세운 가상의 대화들을 만들어 낸 이유인 것이다. 물론 중기 이후로 추정되는 대화편들에서는 소크라테스가 (혹은 소크라테스가 주인공이 아닌 대화편에서는 주인공 격인 다른 등장인물이) 자신의 적극적인 주장을 개진하고 그 주장을 옹호하기 위한 논증을 제시하기도 한다. 플라톤이 이렇게 문체를 변경하는 데에도 중요한 이유가 있으리라 추정되지만, 그 이유에 대한 추정은 다른 기회로 미루기로 하자. 플라톤은 그래도 마지막 작품까지 대화편의 형식을 고수하며, 이것은 독자가 스스로 생각하지 않으면 어떤 배움도 얻을 수 없다는 근본적인 생각을 끝까지 고수하는 것이라고 할 수 있다.

『에우튀프론』을 읽는 (플라톤 연구자가 아닌) 일반 독자에게는 이 작품이 초기 대화편인지 여부가 그렇게 중요하지는 않을 것이다. 하지만 이 작품이 아포리아적 대화편, 즉 플라톤의 대화편들 중에서도 독자가 스스로 생각하기를 가장 강력하게 촉구하는 대화편의 전형이라는 것은 중요하다. 『에우튀프론』은 매우 짧은 대화편이며 드라마적 구성도 비교적 단순하다. 하지만 그렇다고 해서 이 대화편이 다루고 있는 철학적 내용들도 단순하다고 할 수는 없다. 플라톤의 대화편들 중에서 복잡한 드라마적 구성을 갖는 대화편들은 드라마적 요소를 충분히 이해해야 그 대화편에서 제시되는 철학적 내용도 제대로 이해할 수 있는 경우가 있고, 이런 경우는 그만큼 대화편 읽기가 어려워질 수 있다. 『에우튀프론』은 등장인물도 소크라테스와 에우튀프론 둘 뿐이고 대화의 진행도 경건이 무엇인가라는 주제 외의 다른 주제로 빠지지 않고 비교적 단선적으로 이루어진다. 이 때문에 플라톤의 대화편들을 그렇게 많이 읽어 보지 않은 독자도 대화편이 다루고 있는 철학적 내용에 보다 집중하면서 두 사람의 대화를 따라갈 수 있을 것으로 보인다. 그리고 이런 점에서 보면, 독자가 철학적인 문제들에 대해 스스로 생각해보는 연습을 하는 데에는 『에우튀프론』이 이렇게 짧고 간단한 대화편이라는 사실이 오히려 도움이 될 수도 있겠다.

2. 『에우튀프론』의 주요 주제들

『에우튀프론』이 다루고 있는 주요 주제는 대략 세 가지라고 할 수 있다. 앞에서 이야기했듯이, 우선 정의를 내리는 작업이 도대체 어떤 성격의 것인지에 대한 논의가 이 대화편에서 이루어진다. 어느 정도 체계적으로 이러한 논의가 이루어지는 것은 서양 지성사에서 아마도 『에우튀프론』이 최초가 아닐까 싶다. 그리고 오늘날에도 논리학 교과서들에서 정의를 내리는 방법의 항목에 수록되어 있는 내용들은 『에우튀프론』에서 다루어진 내용에서 크게 벗어나지 않는다.

둘째로 『에우튀프론』은 소크라테스의 입을 빌린 플라톤의 종교 비판을 담고 있다. 플라톤의 종교 비판은 (소크라테스의 입을 빌려) 『국가』와 (이름 모를 아테네인의 입을 빌려) 『법률』에서도 이루어진다. 그런데 『국가』와 『법률』에서의 종교 비판은 보다 일반적인 성격을 갖는다. 신의 본성이 어떠해야 하는지에 대한 생각이 명시적으로 제시되고, 여기에 기초해서 제대로 된 종교라면 어떤 견해들을 수용하고 어떤 견해들을 수용하지 않아야 한다는 식으로 논의가 전개되는 것이다. 이에 비해 『에우튀프론』에서의 종교 비판은 보다 직접적으로 아테네를 비롯한 당대의 그리스 종교를 겨냥하고 있다. 소크라테스가 불경죄로 고소당했다는 점을 고려하면, 『에우튀프론』은 『소크라테스의 변명』에서 제시된 변론보다 어떤 의미에서는 더 근본적인 방식으로 불경죄 혐의에 대한 변론을 제시한다고 할 수 있다.

셋째로는 물론 『에우튀프론』의 가장 중심 주제인 경건이 무엇인가이다. 앞에서 이야기했듯이, 경건이 무엇인가라는 물음은 결국 해답을 찾지 못하고 대화편이 끝난다. 하지만 그 과정에서 경건이 무엇인지에 대한 대답이 될 만한 몇 가지 후보들이 검토된다. 여기에서 제시되는 대답의 후보들은 분명 고대 그리스의 종교관을 배경으로 하고 있는 것이지만, 적어도 그 중 일부는 오늘날에도 경건이 무엇인지에 대해 생각할 거리를 제공해 주는 것들이라고 할 수 있다.

이제 이 세 가지 주제 각각이 『에우튀프론』에서 어떤 식으로 다루어지는지 간단하게 살펴보자. 하지만 그에 앞서 다시 한 번 강조하고 싶은 것은 플라톤은 이 대화편을 통해서 독자가 스스로 사고하기를 촉구하고 있다는 것이다. 본 번역자도 번역자이기에 앞서 한 명의 독자이고, 지금 하려는 이야기들 중 일부는 텍스트에 직접 등장하는 것들이지만 일부는 텍스트를 읽으면서 번역자가 한 명의 독자로서 생각해 본 것들이기도 하다. 이 번역서를 읽는 독자들은 지금의 이 '작품 안내'라는 것이 사실은 조금 먼저 『에우튀프론』을 읽은 한 명의 독자가 자기 나름대로 생각해 본 흔적을 적은 것에 불과하다는 점을 기억해야 한다. 이것은 『에우튀프론』 읽기의 한 예시일 따름이며, 결국은 독자 개개인이 텍스트를 직접 읽으며 스스로 해당 문제들에 대해 생각해 보아야 할 것이다.

1. 정의를 내리는 작업

다양한 학문 활동의 영역이 이미 정립되어 있는 오늘날에는 정의를 내리는 작업의 맥락과 필요성에 대해 새삼스럽게 이러저러한 논의를 할 이유가 없어 보인다. 제대로 된 학문 활동을 위해서는 중요 개념들에 대한 정의가 먼저 주어져야 한다고 어려서부터 배워왔으며, 각각의 학문 영역 자체가 그 영역에서 사용되는 개념들에 대해 정의를 내리는 맥락을 이미 제공해 주고 있기 때문이다. 그리고 이런 맥락에서 정의를 내리는 작업이 지켜야 하는 규범들이 어떤지에 대해서도 대개들 어느 정도는 익숙해 있기 마련이다. 상황이 이렇기 때문에 우리는 종종 정의를 내리는 작업도 어떤 맥락 속에서 이루어지는 것이며 맥락에 따라서 정의를 내리는 작업이 지켜야 할 규범도 조금씩 다를 수 있다는 사실을 잊기 쉽다. 하지만 오늘날에도 정의를 내리는 작업이 필요한 경우가 학문 활동의 영역에서만이 아니라 우리의 일상적인 삶의 영역에서도 생길 수 있다. 그리고 구체적인 삶의 영역에서 그런 필요가 생길 때에는 그런 필요가 생기는 맥락과 그에 따른 규범을 잘 이해해야 그런 필요에 적절하게 대응할 수 있을 것이다.

플라톤의 대화편들에서는 대개 본격적인 대화가 시작되기 전에 드라마적 배경 설정을 통해 대화가 이루어지는 맥락이 제시된다. 『에우튀프론』의 경우 소크라테스가 불경죄로 고소를 당해 재판을 위한 예비 심리를 받으러 해당 관청에 찾아갔다가 예언가인 에우튀프론을 만나는 것으로 이야기가 시작된다. 에우튀프론은 자신의 아버지를 살인죄로 고소하였는데, 그 아버지의 살인이라는 것이 다소 미묘한 성격을 갖는 것이다. 에우튀프론의 가족은 아테네의 속지인 낙소스에 살고 있었는데, 에우튀프론의 품꾼이 술에 취해 집안 노예 한 명을 살해하자 에우튀프론의 아버지는 살인자를 묶어 두고 그를 어떻게 처리할지를 문의하러 전령을 아테네로 보낸다. 그런데 전령이 돌아오기 전에 살인자가 추위와 굶주림으로 죽어 버린다. 그러니까 에우튀프론은 살인자를 제대로 돌보지 않았다는 이유로 아버지를 살인죄로 고소하고 있는 것이다. (살인죄의 재판과 관련한 당시 아테네의 법률을 고려하면 이 사건은 지금 이야기된 것보다 훨씬 더 미묘하고 모호한 성격을 갖는데, 이와 관련해서는 텍스트의 해당 부분 주석들을 참고하라.) 에우튀프론의 가족들은 이런 상황에서 아버지를 살인죄로 고소하는 것은 불경한 일이라며 에우튀프론을 비난하고, 에우튀프론은 자신의 가족들이 무엇이 경건하고 무엇이 불경한지를 잘 몰라서 그런 비난을 하는 것이라고 주장한다. 이에 소크라테스는 에우튀프론이 경건 전문가임이 분명하니 그에게서 경건이 무엇인지를 배워 불경죄로 고소당한 자신의 재판에서 도움을 받겠다고 이야기한다.

정리하자면, 『에우튀프론』에서 경건이 무엇인지에 대한 논의가 이루어지는 맥락은 두 가지이다. 우선 무엇이 경건한 것이고 무엇이 불경한 것인지에 대해 사람들 사이에 의견 차이가 있다는 사실이다. 일단 에우튀프론과 에우튀프론의 가족들 사이에 그러한 의견 차이가 있고, 소크라테스와 소크라테스를 고소한 멜레토스 사이에도 그러한 의견 차이가 있을 것이다. 그리고 경건이 무엇인지에 대한 정의를 찾을 수 있다면 그 정의가 기준이 되어 경건과 관련한 모든 종류의 의견 차이를 해소할 수 있을 것이라는 사실이다. 소크라테스가 모든 경건한 것들이 경건함의 측면에서 갖는 동일한 하나의 형상(idea)을 이야기해 달라고 요구하는 것(5d)은 바로 이런 맥락에서이다.

경건의 정의를 묻는 소크라테스에게 에우튀프론이 제시한 첫 번째 대답은 경건한 것은 바로 자기 자신이 지금 하고 있는 행동이라는 것이다. 그는 살인이나 신성한 것들을 훔치는 등의 부정의한 행동을 하는 사람은 설사 그가 아버지라고 하더라도 벌을 주는 것이 바로 경건한 것이며 그렇게 하지 않는 것은 불경한 것이라고 대답하고, 최고신인 제우스도 자신의 아버지인 크로노스를 벌주었다는 이야기를 통해 자신의 대답을 정당화하려고 한다. 흔히 이 첫 번째 대답의 문제가 경건의 정의를 묻는 물음에 단순히 경건의 한 사례를 제시한 데 있다고 생각하는 경우가 많다. 하지만 이 대답의 진정한 문제는 이 대답이 경건의 한 사례만을 제시한 것 자체에 있다기보다는 경건이 무엇인지가 질문되고 있는 맥락을 이해하지 못한 대답이라는 데에 있다.

맥락에 따라서는 어떤 것이 무엇인지를 묻는 질문에 대해 그것의 사례를 제시하는 것으로 충분한 경우가 있을 수 있다. 어떤 용어의 의미를 처음 익히는 맥락에서는 사례를 제시하는 방식의 정의(지시적 정의, ostensive definition)가 가장 효과적일 수도 있다. 예를 들어, 마젠타가 무엇인지를 묻는 물음에 어떤 옷을 가리키며 저 옷 색깔이 바로 마젠타라고 대답하는 것은 아마도 충분한 대답이 될 것이다. 자신이 하고 있는 행동이 바로 경건한 것이라고 에우튀프론이 대답하는 것은 이 옷 색깔이 바로 마젠타라고 대답하는 것과 형식적으로는 유사해 보이기도 하지만 사실 그 성격은 상당히 다르다. 에우튀프론은 '경건'이라는 단어의 의미에 대해서 이야기하고 있는 것이 아니다. 그리고 이것은 소크라테스의 경우도 마찬가지이다. 플라톤의 대화편에서 정의 내리기가 중심 주제가 될 때 단순히 단어의 의미가 문제되는 경우는 없다고 생각해도 거의 무방하다. 플라톤이 관심을 갖는 것은 소위 '명목 정의(nominal definition)'가 아니라 '실질 정의(real definition)'이다.

단순히 단어의 의미가 문제되는 것은 아니면서 에우튀프론 식의 대답이 유효한 맥락을 두 가지 정도 생각해 볼 수 있다. 예를 들어, 누군가가 "용기란 자신의 잘못을 인정할 줄 아는 것이다"라고 이야기하는 경우를 생각해 보자. 이런 이야기를 하는 사람은 용기가 적용될 수 있는 모든 상황에서 용기가 그런 것이라고 생각하지는 않을 것이다. 그는 용기가 적용될 수 있는 상황들 중에 일부 특정한 상황을 상정하고, 그 상황 속에서의 용기가 무엇인지를 이야기하는 것일 것이다. 아마도 이런 식의 정의는 특정한 상황 속에서 특정한 방식의 행동을 촉구하거나 그런 행동에 대해 긍정적인 평가를 내릴 목적을 가지는 것일 것이다. 이런 정의는 상정된 특정한 상황에 국한해서는 용기 있는 행동과 그렇지 않은 행동을 판정할 기준 역할을 해 줄 수도 있겠지만 용기의 일반적 기준의 역할은 할 수 없다.

다른 예를 들어서, 누군가가 "용기란 이순신 장군처럼 죽음을 두려워하지 않고 적과 싸우는 것이다"라고 이야기하는 경우를 생각해 보자. 이런 이야기를 하는 사람도 용기가 적용되는 모든 상황에서 용기가 그런 것이라고 생각하지는 않을 것이다. 하지만 그는 용기가 적용될 수 있는 일부 특정한 상황을 상정하고 그런 이야기를 한다기보다 용기가 가장 잘 드러나는 대표사례를 제시하는 것일 가능성이 더 높다. '대표 사례를 통한 정의(definition by paradigm case)'라고 불리기도 하는 이런 식의 정의가 수행하는 목적과 기능은 다소 복잡하기 때문에 이 자리에서 그에 대해 논의하기는 어렵다. 지금 우리의 목적을 위해서는 이런 정의가 용기 있는 행동과 그렇지 않은 행동을 구별해 줄 일반적 기준을 제공해 주기는 어렵다는 점을 확인하는 것으로 충분하다.

에우튀프론의 첫 번째 대답에서 그는 이 두 가지 모두를 의도했을 가능성이 있다. 그는 재판의 상황 같은 것을 상정하고서 살인이나 성물 절도와 같은 부정의한 행동을 하는 사람을 벌주는 것이 경건한 것이라고 이야기했을 것으로 보이며, 그와 동시에 그가 최고신인 제우스를 거론하는 것으로 미루어 보아 그런 행동이 경건을 가장 잘 드러내 주는 경건의 대표 사례라고 생각했을 것으로 보인다. 요컨대 에우튀프론의 첫 번째 대답은 정의 내리기라는 작업이 가져야 할 규범을 전적으로 이탈한 것이라기보다는 소크라테스의 질문의 맥락에 따르는 특수한 규범을 이탈한 것이다. 소크라테스는 에우튀프론에게서 경건이 무엇인지를 배워 자신의 재판에 적절하게 대처하려고 하고 있다. 그런데 살인죄나 성물 절도 등의 부정의한 행동을 한 누군가를 벌주지 않았다는 이유로 소크라테스가 불경죄로 고소된 것이 아닌 이상, 에우튀프론의 대답은 소크라테스가 불경죄를 범했는지 여부와 관련해서는 아무런 함축을 갖지 않는다. 소크라테스가 경건의 정의를 묻고 있는 맥락을 에우튀프론이 이해하지 못하고 엉뚱한 대답을 하자, 소크라테스는 다시 한 번 자신의 질문의 맥락을 상기시켜 준다. 그가 요구하는 것은 경건한 것의 형상 자체로, 그것을 본으로 삼아 임의의 행동에 대해 그 행동이 경건한지 그렇지 않은지를 판단할 수 있게 해 줄 기준이라는 것이다(6e).

두 번째 대답으로 넘어가기 전에 정의 내리기와 관련해서 첫 번째 대답이 가지고 있는 또 다른 문제로 이 대답은 순환적인 성격을 가지고 있다는 것도 지적할 수 있겠다. 에우튀프론은 단순히 부정의한 행동을 하는 사람을 고소하는 것이 경건한 것이라고 이야기하는 것이 아니라, '살인이나 신성한 것들을 훔치는 일이나 다른 어떤 그런 잘못을 범함으로써'(5d) 부정의한 행동을 하는 자를 고소하는 것이 경건한 것이라고 이야기한다. 여기에서 '다른 어떤 그런 잘못'이란 살인과 성물 절도 등과 비슷한 잘못이며 한마디로 말하면 불경한 일들이다. 그리고 조금 뒤에서 그는 '신에게 불손한 자(asebōn)를 그냥 내버려 두지 않는 것'이 옳다(5e)고 이야기한다. 결국 에우튀프론은 경건한 것은 불경한 행동을 하는 사람을 고소하는 것이라고 이야기한 셈이다. 경건을 정의하면서 '경건'이나 경건의 반대말인 '불경'(혹은 그와 동의어라고 할 수 있는 '신에 대한 불손')이라는 표현을 사용하는 것은 그 정의를 순환적 정의로 만드는 잘못을 범하는 것이다.

에우튀프론의 두 번째 대답은 신들에게 사랑스러운 것은 경건한 것이고 사랑스럽지 않은 것은 불경한 것이라는 것이다(6e-7a). 이 대답과 관련해서 먼저 지적할 것은, 소크라테스가 이 대답은 자신의 요구 조건을 충족하는 대답이라고 이야기한다는 것이다. 소크라테스가 요구한 것이 '경건한 것의 형상(eidos, idea) 자체'라는 것을 근거로 『에우튀프론』에도 플라톤의 이데아 이론이 등장한다고 생각하는 사람들이 있다는 이야기를 앞에서도 한 바 있다. 하지만 소크라테스가 '형상 자체'라는 말로 『파이돈』이나 『국가』에서 언급되는 것과 같은 이데아, 즉 일상적 사물들로부터 존재론적으로 독립된 특별한 존재자를 의미했더라면, 그는 에우튀프론의 대답이 자신의 요구 조건을 충족한다고 이야기하지 않았을 것이다. '신들에게 사랑스러움'이라는 것은 도대체 경건의 이데아의 후보조차 될 수 없는 것이기 때문이다.

소크라테스가 에우튀프론의 두 번째 대답이 자신의 요구 조건을 충족하는 대답이라고 이야기하는 이유는, 첫 번째 대답과 달리 여기에서는 에우튀프론이 경건한 것들 모두에 적용되는 대답을 의도했기 때문이다. 『에우튀프론』에서 사용된 '형상'이라는 표현은 예를 들어 "사각형은 모두 네모난 형상을 가지고 있다"고 이야기할 때의 '형상'이라는 표현과 비슷한 의미로 사용된 것이다. 사각형은 모두 네모나고 네모난 것은 모두 사각형이어서, 어떤 것이 네모난지 그렇지 않은지를 보면 그것이 사각형인지 아닌지를 판정할 수 있다. 소크라테스는 경건한 것의 형상을 요구하면서 경건한 것이라면 가지고 있고 경건하지 않은 것이라면 가지고 있지 않은 그런 것을 '형상'의 이름으로 요구하는 것이다. 그래서 그 형상을 가지고 있는지 여부를 통해서 어떤 행동이 경건한지 그렇지 않은지를 판정할 수 있도록 말이다. 이런 의미에서 『에우튀프론』에서 형상의 요구는 보편성의 요구이지 존재론적 독립성의 요구가 아니다. '신들에게 사랑스러움'이라는 '형상'은 존재론적 의미에서는 이데아의 후보조차 될 수 없는 것이지만 정의 내리기의 측면에서 보편성의 요구는 충족시킬 수 있을 것처럼 보인다.

하지만 에우튀프론의 두 번째 대답은 단지 형식적으로만 소크라테스의 요구 조건을 충족하는 것이지 진정한 의미에서는 그런 요구 조건을 충족하는 것이 될 수 없다. 이어지는 소크라테스의 논박은 바로 그러한 사실을 보여 준다. 문제는 에우튀프론이 그리스의 전통적인 신화들에 등장하는 신들 간의 싸움을 문자 그대로 승인하는 데에 있다. 이것은 『에우튀프론』에서 소크라테스의 종교 비판의 핵심이기 때문에 뒤에서 이에 대해 더 이야기할 것이다. 지금은 그러한 싸움을 승인하는 것이 정의 내리기의 측면에서 에우튀프론의 대답을 보편성의 요구조건을 충족하지 못하는 대답으로 만든다는 점만을 확인하면 된다. 에우튀프론의 두 번째 대답이 적어도 형식적으로는 소크라테스의 요구 조건을 충족하는 이유는 임의의 행동에 대해서 그것이 신들에게 사랑스러운지 여부를 확인함으로써 그 행동이 경건한지 그렇지 않은지를 판정할 수 있기 때문이었다. 그런데 신들 간의 싸움이 있다면 동일한 행동이 어떤 신들에게는 사랑스럽지만 다른 신들에게는 사랑스럽지 못한 경우가 생길 수밖에 없다.

이러한 문제는 경건한 것을 '(어떤) 신들에게 사랑스러운 것'으로 규정하지 않고 '모든 신들에게 사랑스러운 것'으로 규정하면 극복할 수 있고, 에우튀프론은 바로 그러한 수정된 정의를 제시하게 된다(9e). 이렇게 수정된 정의에서는 어떤 행동이 모든 신들에게 사랑받는지 여부에 의해서 그것이 경건한지 그렇지 않은지를 판정할 수 있기 때문에, 이제 드디어 소크라테스의 요구 조건을 충족하는 정의가 제시된 것이라고 할 수 있다. 하지만 소크라테스는 이러한 수정도 경건한 것이 무엇인지의 대답으로는 충분하지 못하다고 주장하며, 이러한 주장의 근거로 제시하는 그의 논증은 『에우튀프론』에서 학자들의 가장 많은 주목을 받았다.

소크라테스는 "경건한 것은 신들에게 사랑받기 때문에 경건한 것인가, 아니면 경건하기 때문에 신들에게 사랑받는가?"라는 질문을 던지는 것으로 논의를 시작하는데(10a), 이 질문은 소위 '에우튀프론 딜레마(Euthyphro dilemma)' 혹은 '에우튀프론 문제(Euthyphro problem)'라고 불리며, 중세 이래 오늘날까지 다양한 방식으로 변형되어 철학적으로 매우 중요한 논쟁의 원천이 되었다. 그런데 아마도 이와 관련한 가장 큰 아이러니는 『에우튀프론』에서는 에우튀프론 문제가 다루어지지 않는다는 점일 것이다. 『에우튀프론』에서 이 질문을 던지며 소크라테스가 관심을 가지는 것은 에우튀프론 문제, 혹은 보다 정확하게 이야기하자면 소크라테스의 질문에 영감을 받아서 다양하게 변형된 '에우튀프론 문제들'이 아니라 정의 내리기의 문제이다.

먼저 지적할 것은, (플라톤 연구자가 아닌 사람들이 종종 오해하듯이) 에우튀프론은 경건한 것이 신들에게 사랑받기 때문에 경건하다는 주장을 한 적이 없으며 (플라톤 연구자들도 종종 오해하듯이) 에우튀프론이 스스로 정합적이기 위해서는 그런 주장을 해야 했었다고 생각할 이유도 전혀 없다는 것이다. 에우튀프론은 단지 경건한 것들 모두에 공통적으로 적용될 수 있는 특성으로 신들에게 사랑받음을 제시했을 따름이다. 『에우튀프론』에서 이루어지는 대화로부터 에우튀프론이 '경건한 것은 신들에게 사랑받기 때문에 경건하다'는 입장을 가졌었다고 추정할 이유는 전혀 없다. 누군가가 미남이 어떤 사람이냐는 질문을 받고 원빈 같이 생긴 사람이라고 대답했다고 해 보자. 하정우는 원빈 같이 생긴 것은 아니지만 하정우도 미남이지 않느냐는 질문을 받고, 그가 이번에는 미남은 사람들에게 인기 있는 남자라고 대답했다고 해 보자. 이제 그가 "미남은 사람들에게 인기 있기 때문에 미남인가, 미남이기 때문에 사람들에게 인기가 있는가?"라는 질문을 받았다고 해 보자. 처음에 그는 질문의 취지를 잘 이해하지 못해서 대답을 못하다가, 질문의 취지에 대한 설명을 듣고 나서는 미남이기 때문에 사람들에게 인기가 있다는 데에 동의했다고 해 보자. 이 사람이 원래는 '미남은 사람들에게 인기 있기 때문에 미남이다'라는 입장을 가졌었다고 추정할 이유가 있는가?

에우튀프론이 경건한 것은 신들에게 사랑받기 때문에 경건한 것이라는 입장을 취한 적이 전혀 없다면, 소크라테스도 그런 입장을 논박할 이유가 전혀 없다. 따라서 소크라테스가 10a 이하에서 제시하는 논증을 경건한 것이 신들에게 사랑받기 때문에 경건한 것이라는 입장, 즉 경건에 대한 소위 주의주의(主意主義,

voluntarism)적 입장을 논박하는 논증으로 이해할 이유가 없다. 이 부분의 논증 이해와 관련한 수많은 혼란은 소크라테스의 논증을 주의주의에 대한 논박으로 이해하려 하기 때문에 발생한다. 그 때문에 어떤 학자들은 소크라테스의 논증이 명백한 오류 논증이라고 주장하고, 어떤 학자들은 소크라테스를 '오류 논증'으로부터 구하기 위해서 텍스트에 실제로 등장하는 것보다 훨씬 복잡하고 어려운 논증을 텍스트로부터 읽어 내려고 하는 것이다.

한 가지 더 지적할 것은, 중세 이래 오늘날까지 소위 '에우튀프론 문제'라는 이름으로 철학사에서 논의되어 온 것은 사실 『에우튀프론』의 주제인 경건과 관련된 것이 아니라는 점이다. 앞에서 '에우튀프론 문제'라고 불리는 것이 더 정확하게 이야기하자면 '에우튀프론 문제들'이라는 지적을 한 바 있다. 『에우튀프론』에서 소크라테스가 던진 질문이 철학사의 이후 논의들의 영감의 원천이 된 것은 분명한 사실이지만 (그리고 『에우튀프론』의 독자들이 이런 종류의 다양한 문제들에 대해서 생각해 보는 것은 스스로 사고하기를 촉구하는 플라톤의 정신에 비추어 볼 때 당연히 장려할 만한 것이지만) 철학사에서 벌어진 실제 논쟁들이 계승한 것은 소크라테스의 질문 내용 그대로가 아니라 그 질문의 구조이다. 그래서 실제 논쟁들은 소크라테스의 질문이 다양하게 변형된 형태로 진행되어 왔다. 예를 들면 "어떤 행위는 신이 명령했기 때문에 도덕적으로 옳은가, 아니면 도덕적으로 옳기 때문에 신이 명령했는가?"라는 식의 변형이나, 더 일반적으로 "도덕적 행위는 옳기 때문에 좋은가, 아니면 좋기 때문에 옳은가?"와 같은 식의 변형 등이 실제로 철학사에서 논의된 문제들이다.

『에우튀프론』으로부터 영감을 얻은 논의가 주의주의 관련 문제에만 국한된 것도 아니지만, 대개는 주의주의와 관련된 것이니 거기에 초점을 맞추어서 생각해 보자. 철학사에서 '에우튀프론 문제'와 관련해서 논의된 주의주의는, '경건에 대한 주의주의'가 아니라 '도덕적 옳음이나 좋음에 대한 주의주의'이다. 고대 그리스의 다신교적 종교 배경에서 도덕적 옳음 자체나 좋음 자체가 신들의 의지에 의해 구성된다는 식의 주의주의 입장이 자생적으로 생겨나기란 대단히 어려웠을 것으로 보이며, 실제로 그런 입장을 취했던 것으로 알려진 사람은 아무도 없다. 더구나 제우스가 부정의한 행동을 한 크로노스를 벌주었다는 신화 등을 믿는 에우튀프론 같은 사람이 정의로움 자체가 신들의 의지에 의해 구성된다는 입장을 받아들일 수는 없을 것이다. '경건에 대한 주의주의'와 관련해서 에우튀프론이 그런 입장을 취한다고 생각할 적극적인 이유가 없다는 것은 앞에서 이미 지적했다. 그런데 '정의로움이나 좋음에 대한 주의주의'와 관련해서는, 오히려 에우튀프론이 그런 입장을 취할 수 없다고 생각할 적극적인 이유가 있는 것이다.

더 나아가 (논란의 여지가 있을 수 있으나) 소크라테스의 논증은 사실 '경건에 대한 주의주의'와도 양립 가능한 것으로 보인다. 가장 일반적인 주의주의 입장이라고 할 수 있는 신명론(Divine Command Theory)을 가지고 생각해 보자. 경건한 행위가 다름 아니라 신의 명령을 따르는 행위라고 해 보자. 다른 말로 해서, '신의 명령을 따름'이 바로 '경건함'을 구성하는 것이라고 해 보자. 신의 명령을 따르는 행위는 아마도 신에게 사랑받는 행위일 것이고, 이 경우에도 여전히 소크라테스의 질문을 던질 수 있을 것으로 보인다. 즉 "신의 명령을 따르는 행위는 신의 명령을 따르는 행위이기 때문에 신에게 사랑받는 행위인가, 아니면 신에게 사랑받는 행위이기 때문에 신의 명령을 따르는 행위인가?"라는 질문이 여전히 유효한 질문일 수 있는 것으로 보인다. 그리고 이 경우에도 이 질문의 대답은 (논란의 여지가 전혀 없는 것은 아닐지도 모르겠지만) 신의 명령을 따르는 행위이기 때문에 신에게 사랑받는 행위라는 쪽일 것으로 보인다.

소크라테스의 주장이 최소한 어떤 종류의 주의주의와는 양립 가능하다면 더더욱 그의 논증은 주의주의 자체를 논박하는 논증이 아닐 가능성이 높다. 그리고 소크라테스의 논증이 주의주의를 논박하는 논증이어야 한다는 편견을 벗어던지면, 사실 그의 논증은 이에 대해 그토록 많은 논문이 쏟아져 나올 정도로 그렇게 어려운 구조를 가진 논증이 아니다. 소크라테스는 두 가지 종류의 우선성에 기대어서 논증을 하고 있다. 첫 번째는 동작과 동작에 따른 상태 사이의 우선성이다. 여기에서는 동작이 우선성을 갖는다. 내가 왼쪽에 있는 필통을 오른쪽으로 옮겼다면 그 필통은 옮겨진 것이라고 할 수 있다. 이때 그 필통은 '옮겨짐'이라는 동작에 의해서 '옮겨진 것'이라는 이름을 얻게 된다. 그 필통이 '옮겨진 것'이라는 이름을 얻기 때문에 그 필통에 그러한 동작이 가해지는 것은 아니다. 두 번째는 행동의 이유와 행동 사이의 우선성이다. 여기에서는 행동의 이유가 우선성을 갖는다. 어떤 행동의 이유가 있기 때문에 그 행동을 하는 것이지, 어떤 행동을 하기 때문에 그 행동을 하는 이유가 있는 것은 아니다. (어떤 행동을 하다 보니까 그 행동을 할 이유가 생기는 경우가 있을 수도 있으나, 엄밀히 말해서 이 경우도 행동이 행동의 이유보다 우선성을 갖는 것은 아니다. 이런 경우는 단지 우선성 관계가 복잡해질 따름이다. 이런 경우, 다른 어떤 이유 때문에 그 행동을 하게 된 것이고, 그 행동을 하다 보니 그 행동을 할 자체적인 이유가 생겨서 그 이유 때문에 그 행동을 '더' 혹은 '다시' 하게 되는 것이다.) 이제 다음의 네 명제를 생각해 보자.

1a) **신에게 사랑받는 것은** 신에게 사랑받기 때문에 **신에게 사랑받는 것**이다.
1b) **신에게 사랑받는 것은 신에게 사랑받는 것**이기 때문에 신에게 사랑받는다.
2a) 경건한 것은 신에게 사랑받기 때문에 경건한 것이다.
2b) 경건한 것은 경건한 것이기 때문에 신에게 사랑받는다.

첫 번째 우선성에 따라서 1a)는 참이고 1b)는 거짓이다. 그리고 두 번째 우선성에 따라서 2a)는 거짓이고 2b)는 참이다. 그런데 경건한 것과 신에게 사랑받는 것이 동일하다면 양자를 대치할 수 있을 텐데, 양자를 대치하면 1a)와 2a)가 같은 문장이 되고 1b)와 2b)가 같은 문장이 된다. 동일한 문장이 참이면서 거짓일 수 없다면, 양자는 동일할 수 없다.

이 논증을 통해서 소크라테스가 보이려고 하는 것은, 어떤 것을 정의하려면 그것의 pathos를 이야기하는 것으로는 충분하지 않고 그것의 ousia를 이야기해야 한다는 것이다(11a). pathos라는 말은 '겪다'를 뜻하는 그리스어 paschein으로부터 파생된 단어로서 어떤 것이 어떤 것을 겪은 상태를 나타내는 말이다. ousia라는 말은 영어 be 동사에 해당하는 그리스어 einai로부터 파생된 단어로서 그것이 어떤 존재인지를 나타내는 말이다. 한마디로 말해서, 소크라테스의 논점은 어떤 것의 정의는 그것이 어떤 일을 겪는지가 아니라 그것이 무엇인지를 이야기해 주어야 한다는 것이다. 소크라테스가 하고자 하는 이야기를 그가 제시하는 두 가지 우선성을 결합해서 다시 풀어 보자. 동작에 따른 상태가 바로 그 동작에 의한 파토스라고 할 수 있다. 파토스란 그 동작의 결과 생겨나는 것이다. 그리고 그 동작의 결과 생겨나는 것이 그 동작을 수행하는 이유가 될 수는 없다. 그런데 어떤 것의 정의는 그것과 관련해서 어떤 동작이나 행동이 수행될 때 그 동작이나 행동의 이유를 제공해 줄 수 있는 것이어야 한다.

동작이나 행동의 이유를 제공해 줄 수 있는 것은 그 동작이나 행동의 결과 생겨나는 파토스를 설명해 줄 수 있는 것이기도 할 것이다. 지금의 논증에서는 소크라테스가 동작이나 행동과 관련한 두 가지 우선성을 경유해서 우시아가 파토스에 대해 설명적 우선성을 가진다는 것을 보였지만, 그가 진정으로 관심을 가지는 것은 다른 종류의 우선성이 아니라 우시아가 파토스에 대해 설명적 우선성을 가진다는 사실 자체인 것으로 보인다. 논증을 정리하며 소크라테스가 에우튀프론에게 요구하는 것은, 모든 경건한 것이 신에게 사랑받음이라는 일을 겪는다는 사실을 부정하지 않을 테니 경건한 것이 도대체 무엇이기에 그런 일을 겪는지를 이야기해 달라는 것이다. (논의가 이미 상당히 어려워졌기 때문에 더 자세한 논의는 하지 않겠지만, 소크라테스의 논증은 사실 '경건함이 신에게 사랑받음에 의해 구성된다'는 식의 주의주의적 경건론에 대한 논박이 되는 것도 아니다. 그러한 주의주의적 경건론은 파토스로서의 '신에게 사랑받음'을 이야기하는 것이 아니라 우시아로서의 '신에게 사랑받음'을 이야기하는 것이기 때문에 소크라테스의 논증을 피해 갈 수 있는 여지가 있다. 에우튀프론이 그런 식의 경건론을 주장한 것은 아니지만, 누군가가 혹시 그런 식의 경건론을 주장했더라면, 소크라테스는 아마 그 경우에도 우시아로서의 신에게 사랑받음과 파토스로서의 신에게 사랑받음을 구별하고 전자가 후자보다 설명적 우선성을 가진다는 논증을 만들 수 있었을 것이다. 주의주의 논박이 목적이 아니고 우시아의 설명적 우선성을 확립하는 것이 목적인 소크라테스에게는 그러한 논증을 만들 수 있으면 그것으로 충분했을 것이다.)

보편성의 요구 조건을 충족하더라도 설명적 우선성을 갖지 않는 것은 정의가 될 수 없다고 생각할 이유에 대해 『에우튀프론』에서 더 이상의 논의가 이루어지지는 않는다. 하지만 소크라테스가 이야기하는 이러한 설명적 우선성 조건은 오늘날에도 정의 내리기의 규범과 관련해서 일반적으로 받아들여지는 것이다. 예를 들어 정사각형은 둘레의 길이가 같은 사각형들 중에서 가장 넓은 사각형지만 누구도 그런 것이 정사각형의 정의가 될 수 있다고 생각하지는 않는다. 정사각형은 네 변의 길이가 같은 직각 사각형이기 때문에 둘레의 길이가 같은 사각형들 중에서 가장 넓은 사각형이지 그 역은 아니다.

오늘날 우리가 설명적 우선성을 정의 내리기의 규범에 포함시키고 있는 이유가 정확하게 무엇인지에 대해 단언하기는 쉽지 않다. 어쩌면 앞에서 이야기했듯이 오늘날 정의 내리기의 작업이 이루어지는 맥락은 대개 어떤 종류의 학문 활동을 전제하고 있기 때문일지도 모른다. 학문 활동은 적어도 암묵적으로는 어떤 체계를 지향하고 있으며, 그 학문 활동에서 사용되는 개념들의 정의는 언제나 그 체계에서 가장 근본적인 토대를 이루는 것들 중 하나일 것이다. 이런 상황에서 정의는 설명적 우선성을 갖는 것이어야 한다는 규범이 있는 것이 충분히 이해 가능한 일이다. 플라톤도 앎을 목적으로 하고 있고 앎이란 어느 정도는 체계적이어야 한다는 것을 인정한다면, 플라톤에서 정의가 설명적 우선성을 가져야 한다는 규범이 등장하는 것도 이해할 수 있다. 그리고 앞서 이야기된 보편성의 규범도 비슷한 맥락에서 이해할 수 있을 것으로 보인다.

그런데 플라톤의 경우에는 이에 더해 실천적인 계기도 중요하게 작동했을 가능성이 있다. 정사각형의 예를 다시 생각해 보자. 정사각형의 정의가 둘레의 길이가 같은 사각형들 중에서 가장 넓은 사각형이라고 해 보자. 이러한 정의만 가지고는 여러 종류의 사각형들이 주어졌을 때 그 중 어떤 것이 정사각형인지 파악하기가 어려웠을 것이다. 이에 비해 네 변의 길이가 같은 직각사각형이라는 정의를 가지고는 어떤 것이 정사각형인지를 훨씬 쉽게 파악할 수 있을 것이다. 만약 경건의 정의를 알고 싶은 이유가 궁극적으로 경건한 사람이 되기 위해서라고 해 보자. 이 경우 경건한 것의 정의가 신에게 사랑받는 것이라면, 경건한 사람이 되려고 하는 사람은 주어진 상황에서 도대체 무엇을 해야 하는지를 파악하기가 어려울 것이다. 신이 무엇을 사랑하는지를 모른다면, 이러한 정의는 경건한 사람이 되겠다는 목적에는 아무런 도움을 줄 수 없다. 경건이 무엇인지가 보다 직접적인 방식으로 주어져야 그것을 아는 것이 경건한 사람이 되는 데 도움을 줄 수 있을 것이다.

경건한 것을 모든 신들이 사랑하는 것으로 정의 내리려는 시도가 실패하자 에우튀프론은 더 이상의 논의를 진행하는 것에 난색을 표한다. 그러자 이제는 소크라테스가 에우튀프론이 경건의 정의를 제시하는 것을 돕는 데 적극적으로 나선다. 우선 그는 경건한 것이 정의로운 것의 부분이 아니냐고 물으며 에우튀프론이 여기에 동의하자, 그럼 경건한 것이 정의로운 것의 어떤 부분인지를 이야기해 달라고 요구한다. 에우튀프론은 정의로운 것 중에서 신들에 대한 보살핌(therapeia)과 관련한 부분이 경건한 것이라고 대답한다(12e). 소크라테스는 이때 '보살핌'의 의미가 어떤 것인지를 보다 분명하게 규정해 달라는 요구를 하고, 에우튀프론은 '섬김(hypēresia)'이라는 의미에서의 보살핌이라고 대답한다(13d). 소크라테스는 우리가 신을 섬김으로써 신이 성취하게 되는 것의 핵심이 무엇인지를 묻고, 에우튀프론은 여기에 대한 적절한 대답을 찾지 못한다. 그는 이제 대답을 약간 우회해서 경건한 것이 제사와 기도에서 신들에게 흡족한 것들(kecharismena)을 행하고 말하는 것이라고 이야기한다(14b). 소크라테스는 우리의 제사를 통해서 신들이 얻는 것이 무엇인지를 묻고, 에우튀프론은 신들이 얻는 것은 흡족함(charis)이라고 이야기한다(15a). 소크라테스는 경건한 것을 통해서 신들이 얻는 것이 흡족함이라면, 결국 경건한 것은 다시 신들에게 사랑받는 것이 되어 버린다는 점을 지적하고(15b-c), 여기에서 논의가 파한다.

이 부분에서 이루어지는 논의의 구체적인 내용들은 『에우튀프론』에서 다루어지는 세 번째 주제인 '경건이 무엇인가'에 대해 논의하며 다시 이야기하겠다. 정의를 내리는 작업의 측면에서 보면, 지금 논의는 유와 종차를 제시하는 것을 통해서 정의를 내리는 방법에 대한 설명을 담고 있다고 할 수 있다. 유와 종차를 통한 정의는 흔히 아리스토텔레스의 정의 내리기 방법이라고 알려져 있는데, 『에우튀프론』에서 우리는 그에 대한 선구적인 논의를 볼 수 있는 것이다.

2. 등장인물 소크라테스의 종교 비판

『에우튀프론』에서 소크라테스는 자신이 새로운 신들을 만들고 옛 신들을 믿지 않아서 젊은이를 타락시킨다는 이유로 멜레토스가 자신을 고소했다고 이야기한다(3a-b). 얼핏 보기에 이러한 고소 내용 중에서 '불경죄'와 가장 밀접한 관련이 있는 부분은 '옛 신들을 믿지 않는다'는 부분일 것으로 보인다. 그런데 정작 소크라테스의 재판 과정을 전하는 『소크라테스의 변명』에는 이와 관련한 변론은 전혀 등장하지 않는다. 소크라테스의 관련 질문에 대해 멜레토스가 의아스러운 대답을 함으로써 소크라테스는 이에 대한 변론을 할 필요가 아예 없게 되는 것이다. 『소크라테스의 변명』에서는 '옛 신들'이라는 표현 대신 '나라가 믿는 신들'이라는 표현이 사용되는데, 멜레토스는 자신이 고발하는 내용이 소크라테스가 나라가 믿는 신들 말고 다른 신들을 믿는다는 것이 아니라 아예 어떤 신도 믿지 않는 무신론자라는 것이라고 이야기한다(『소크라테스의 변명』 26c). 옛 신들 혹은 나라가 믿는 신들을 믿지 않으며 새로운 신을 만들거나 혹은 새로운 신령스러운 것을 믿는다(『소크라테스의 변명』 26b)는 고소장을 작성하고 나서 재판이 진행되는 와중에 소크라테스가 전적인 무신론자라고 주장하는 멜레토스의 속내를 이해하기는 어렵다. 어쨌거나 '새로운 신을 만들고 새로운 신령스러운 것을 믿는 전적인 무신론자'라는 표현은 형용모순처럼 보이며, 『소크라테스의 변명』에서 멜레토스는 바로 그런 이유로 고소 내용이 자기모순적이라는 반박을 당하게 되는 것이다(『소크라테스의 변명』 27d-28a).

이에 비해 크세노폰이 전달하는 재판의 과정에는 소크라테스가 나라가 믿는 신들을 믿지 않는다는 고소 내용에 대해 변론하는 부분이 간단하게나마 포함되어 있다. 여기에서는 소크라테스가 자신이 공공의 제단에서 제사를 지내곤 한 것을 모든 사람들이 볼 수 있었다는 이야기를 하면서 그런 고소 내용이 거짓이라고 주장하는 것이다(크세노폰, 『소크라테스의 변명』 11). 역사적인 소크라테스가 실제 재판에서 이러한 내용의 변론을 했는지 그렇지 않은지를 알 수는 없다. 어쩌면 플라톤은 소크라테스가 나라가 믿는 신들을 믿지 않았다는 것은 사실이라고 생각했을지도 모른다. 그 때문에 소크라테스가 공공의 제단에서 제사를 지냈다는 식의 간단한 변론 내용이 실제 재판 과정에는 등장했음에도 불구하고 그것을 누락시켰을지도 모르는 일이다. 어쨌거나 플라톤이 더 중요하게 생각하는 것은 제사를 지내는 것과 같은 형식적인 행태보다는 그런 행태의 근거가 되는 믿음 자체였을 것이다.

물론 나라가 믿는 신들을 소크라테스가 믿지 않았다는 것이 사실이라고 플라톤이 생각했더라도, 그가 그렇기 때문에 소크라테스가 유죄라고 생각하지는 않았을 것이다. 소크라테스는 불경죄로 기소된 것이고, 나라가 믿는 신들을 믿지 않는 것이 불경스러운 일이라는 것이 전제되어야만, 그러한 사실로부터 소크라테스가 유죄라는 결론을 이끌어 낼 수 있는 것이다. 따라서 이 경우에 소크라테스가 유죄인지 여부와 관련해서 진정한 문제는 나라가 믿는 신들을 믿지 않는 것이 정말로 불경스러운 일인지 여부이다. 혹은 소크라테스가 나라가 믿는 신들을 믿는다고 해야 할지 그렇지 않은지가 그렇게 분명하지 않다면, 나라가 믿는 신들에 대한 소크라테스의 태도가 불경스러운 것인지 여부가 그가 유죄인지 아닌지를 판가름할 기준이 될 것이다. 요컨대, 경건이 도대체 무엇인가가 문제인 것이다.

사실『에우튀프론』에서 소크라테스는 신들에 관한 당대의 신화 이야기들을 자신이 받아들이지 못한다는 것을 승인한다. 에우튀프론이 자신의 아버지를 고소하는 것이 경건한 일이라는 것을 정당화하기 위해서 제우스가 크로노스를 결박했고 크로노스는 우라노스를 거세했다는 이야기를 끌어들이자, 소크라테스는 자신은 그런 것을 받아들이지 않으며 어쩌면 이게 바로 자신이 고소당한 이유인지도 모르겠다고 이야기한다(6a). 더 나아가 호메로스나 헤시오도스 등이 전하는 신들 간의 싸움 이야기도 자신은 받아들이기 어렵다는 식으로 이야기한다(6b-c). 소크라테스가 왜 신들 간의 싸움 이야기를 받아들이지 않는지에 대한 설명이『에우튀프론』에서 명시적으로 제시되지는 않는다. (『국가』 377e-378에도 제우스, 크로노스, 우라노스의 이야기나 신들 간의 싸움 이야기를 아이들에게 들려 주지 않아야 한다는 주장이 등장하지만, 그런 이야기들은 참이 아니라는 말만 있을 뿐, 왜 그런 이야기가 참이 아닌지에 대한 설명은 따로 없다.)

어쩌면 에우튀프론이 하는 이야기가 신들 중에도 부정의한 행동을 하는 신이 있다는 함축을 갖기 때문에 소크라테스가 그런 이야기를 받아들이지 않았을지도 모른다. 에우튀프론은 제우스를 가장 정의로운 존재로 묘사하면서 정의로운 제우스가 부정의한 행동을 한 크로노스를 결박했다고 이야기했다(5e-6a). 신들 중에 부정의한 신이 있다면 그런 신에게 제사를 지내고 기도를 하는 것은 그야말로 일종의 상거래(14e), 그것도 부정의한 존재와의 상거래에 불과한 것이 될 것이다. 이런 경우 부정의한 신을 승인하는 것이 오히려 불경한 일이고, 만약에 나라가 믿는 신들이 부정의한 신들이라면, 나라가 믿는 신들을 믿지 않는 것이 오히려 경건한 일일 것이다.

그런데 소크라테스가 곧이어 신들 간의 싸움을 거론할 때, 그가 특별히 싸우는 신들 중 어느 쪽은 부정의하다는 언급을 따로 하지 않는 것을 보면, 소크라테스가 그런 이야기를 믿지 못하는 이유에는 신들의 부정의한 행동보다는 신들의 싸움 자체에 방점이 찍히는 것이 아닐까 싶다. 그리고 『에우튀프론』의 맥락에서는 그렇게 보는 것이 더 자연스럽다. 앞에서 이야기했듯이, 에우튀프론이 신들 간의 싸움을 승인하는 것이 '경건은 신들에게 사랑 받는 것'이라는 그의 두 번째 대답을 논파하는 데 사용된다. 그리고 그 과정에서 소크라테스가 사용하는 것은 신들 간의 싸움이 적어도 어떤 신들은 부정의하다는 것을 함축한다는 것이 아니다.

소크라테스가 '경건은 신들에게 사랑 받는 것'이라는 규정을 논파하는 과정을 간단히 살펴보자. 소크라테스는 먼저 정의로운 것과 부정의한 것, 아름다운 것과 추한 것, 좋은 것과 나쁜 것에 대한 의견 차이가 일반적으로 싸움의 원인이 된다는 것을 지적한다(7c-d). 따라서 신들이 내분을 일으킨다면, 그것은 그들이 바로 이런 것들과 관련해서 의견 차이를 보이는 것이다(7d-e).

그리고 그들 각각은 자신이 아름답고 좋고 정의롭다고 생각하는 것들을 사랑하고 그에 반대되는 것들은 미워한다(7e). 따라서 동일한 것이 신들에게 사랑을 받으면서 동시에 신들에게 미움을 받는 것일 수 있다(8a). 예컨대, 에우튀프론이 아버지를 고소하는 것도 제우스에게는 사랑을 받지만, 크로노스와 우라노스에게는 미움을 받는 일, 헤파이스토스에게는 사랑을 받지만, 헤라에게는 미움을 받는 일일 수 있다(8b). 따라서 이러한 경건 규정에 따르면, 동일한 것이 경건하면서 경건하지 않은 것일 수 있다.

여기에서 주목할 것은, 이 논의의 과정에서 제우스와 크로노스 사이의 싸움의 성격이 새롭게 규정된다는 것이다. 에우튀프론은 이 싸움을 부정의한 크로노스와 정의로운 제우스의 싸움으로 묘사하고 있는데, 소크라테스의 논의에서는 이 싸움이 정의롭고 아름답고 좋은 것과 부정의하고 추하고 나쁜 것에 대한 의견 대립에서 기인한 것으로 묘사되는 셈이다. 물론 이러한 새로운 규정은 에우튀프론의 고소의 성격도 새롭게 규정하게 만든다. 에우튀프론은 자신의 고소가, 부정의한 행동을 한 아버지가 대가를 치르도록 해야 하는가 그렇지 않은가의 문제라고 규정하고 있다. 하지만 소크라테스는 그것이 아버지의 행동이 부정의한 것인지 그렇지 않은 것인지의 문제라고 새롭게 규정하는 것이다(9a-b).

이것이 우리의 논의와 관련해서 갖는 함축은, 신들 간의 싸움을 소크라테스가 믿지 않는 이유가 신들은 부정의한 행동을 한다는 것을 받아들이지 않아서라기보다 신들이 정의로운 것과 아름다운 것과 좋은 것에 대한 의견 차이를 갖는다는 것을 받아들이지 않아서라는 것이다. (물론 그는 신들이 부정의한 행동을 한다는 것도 믿지 않겠지만 그것은 그가 신들 간의 싸움을 믿지 않는 이유는 아니다.) 신들이 이런 문제에 대해서 의견 차이를 갖는다면, 두 가지 가능성이 있을 수 있다. 첫 번째 가능성은 신들 중 일부 혹은 신들 전부가 적어도 의견 차이를 보이는 그 영역에서는 무엇이 정의롭고 무엇이 아름답고 무엇이 좋은지를 모른다는 것이다. 두 번째 가능성은 애초에 그런 영역에서는 무엇이 정의롭고 아름답고 좋은지에 대한 정답이 없어서 의견 차이가 있는 신들 중 어느 누구도 이와 관련해서 무엇인가를 모른다고 이야기할 수 없다는 것이다. 이 경우 어떤 신은 이렇게 생각하고 다른 신은 저렇게 생각해도 그 둘 중 어느 신도 틀렸다고 할 수는 없다.

소크라테스가 신들 사이의 의견 차이를 받아들이지 않는다면, 그는 이 두 가능성 중 어떤 것도 인정하지 않는다는 이야기가 된다. 이제 우리의 문제는 소크라테스가 왜 그러한 가능성들을 인정하지 않는가가 된다. 『에우튀프론』의 맥락으로 다시 돌아가 보자. 역시 앞에서 이야기했듯이, 에우튀프론은 '모든 신들이 사랑하는 것이 경건한 것이고, 모든 신들이 미워하는 것은 불경하다'(9e)고 자신의 대답을 수정한다. 이때 기억할 것은 에우튀프론이 신들의 의견 차이가 있다는 것을 여전히 승인하고 있다는 것이다. 그러면 이렇게 수정된 규정이 함축하는 상황을 표로 만들어 보자. 편의상 의견 차이를 보이는 신들을 제우스와 아르테미스라고 해 보자. 그리고 각 신이 사랑하는 것은 O로 표시하고 미워하는 것은 X로 표시해 보자.

	A	B	C	D
제우스	O	O	X	X
아르테미스	O	X	O	X

여기에서 A는 제우스와 아르테미스가 모두 사랑하는 것이고, 새로운 규정에 따라서 경건한 것이다. 그리고 D는 불경한 것이다. B와 C는 어떤가? 새로운 규정에 따르면, 이 둘은 경건한 것도 아니고 불경한 것도 아니다. 이러한 상황에서 어떤 인간, 예컨대 아가멤논이 경건한 삶을 살기로 작정을 했다고 가정해 보자. 그가 만약 D를 행하려고 한다면, 그는 경건한 것이 무엇인지 모르는 사람이다. 그런데 그가 B를 행하려고 한다면, 아르테미스가 그것을 미워한다고 해서, 아가멤논이 경건한 것이 무엇인지 모르는 사람이라고 이야기할 수 없다. 물론 이러한 상황을 에우튀프론에게 적용할 수도 있다. 에우튀프론이 아버지를 고소하는 일을 제우스는 사랑하고 크로노스는 미워한다면, 그가 그런 행

동을 한다고 해서 그가 뭐가 경건한 것인지를 모르는 사람이라고 할 수 없다. 거꾸로 그가 그런 행동을 하지 않는다고 하더라도, 여전히 그가 뭐가 경건한 것인지를 모르는 사람이라고 할 수 없다. 요컨대, 신들 사이에 합의가 이루어지지 않은 영역에서는 무슨 행동을 해도 경건함의 여부와는 아무런 상관이 없게 된다!

사람을 죽이는 것이 즐거워서 살인하고 다니는 것은 아마도 모든 신들이 미워하는 일일 것이다. 그런데 이런 식의 살인은 하지 말아야 한다는 것을 모르는 사람도 없다. 이런 문제와 관련해서는 도대체가 인간이 '신의 인도함' 같은 것을 구할 필요도 없다. 우리의 삶 속에서 정말로 어려운 문제, 그래서 나보다 더 나은 존재의 도움 같은 것이 있었으면 하는 생각이 드는 문제는 B와 C와 같은 영역에서의 선택의 문제이다. 위의 표에서 제우스와 아르테미스를 변덕쟁이 신들로 가정하지 않는다면, 제우스가 사랑하는 것들과 미워하는 것들에는 일관성이 있을 것이고(예컨대, 이방인을 환대하는 것을 사랑한다는 일관성), 아르테미스가 사랑하는 것들과 미워하는 것들에도 일관성이 있을 것이다(예컨대, 어린 생명체들을 보호하는 것을 사랑한다는 일관성). 그렇다면 B와 C의 영역이란 서로 다른 원칙이 상충하는 영역이라고 할 수 있을 것이다. 우리가 삶 속에서 진정으로 어려움을 겪는 문제들은, 독립적으로는 충분히 받아들여야 할 원칙들이 특정 상황 속에서 상충하는 것으로 보이는 경우에 발생하는 문제들이다.

인간들 사이에서야 이러한 상황에서는 언제나 의견 대립이 있기 마련이다. 인간은 불완전한 존재이니, 이런 일이 특별히 새삼스러울 것도 없다. 그런데 신들 사이에도 의견 대립이 있다면 어떤가? 만약 이런 상황에서 신들도 인간들과 마찬가지로 무엇이 좋고 아름답고 정의로운 것인지를 모른다면, 그런 신들은 알아야 할 가장 중요한 것들을 모르는 신이 된다. 신들이 부정의하다고 생각하는 것이 불경이라면, 신들이 알아야 할 가장 중요한 것을 모른다고 생각하는 것도 그에 못지않은 불경일 것으로 보인다. 만약 이러한 상황에서 정답이 없다면 어떨까? 이러한 경우에는 신들이 무지하다는 비난은 면할 수 있을지 몰라도, 여전히 신들이 우리 삶의 인도자로서의 자격은 상실하게 되는 것으로 보인다. 소크라테스는 매번 신령스러운 것(to daimonion)이 자신에게 나타난다고 이야기하는데(3b), 이것은 목소리 형태로 나타나서 소크라테스가 부적절한 행동을 하지 못하도록 만들기도 하고(『소크라테스의 변명』 31c-d, 40a-c), 꿈의 형태로 나타나서 소크라테스가 무엇인가를 하라고 명하기도 한다(『파이돈』 60e-61a). 소크라테스가 가장 지혜로운 사람이라는 델포이 신전의 유명한 신탁도 결과적으로 소크라테스가 어떤 삶을 살도록 인도하는 인도자의 역할을 한다(『소크라테스의 변명』 21a 이하). 소크라테스는 신들이 인간들의 인도자 역할을 해 준다고 믿었으며, 신들이 그런 역할을 할 수 없다고 생각하는 것은 불경이라고 간주했을 것으로 보인다.

인간의 인도자 역할을 해 줄 수 없는 신은 기껏해야 상거래의 상대에 불과하다(14e). 그리고 신들과의 '상거래'는 대단히 위험하다. 아이스퀼로스의 『아가멤논』에서 아가멤논은 위의 표에서 B에 해당하는 일인 트로이 원정을 떠나려고 한다. 가정을 보호하고 이방 친구에 대한 환대를 명하는 제우스는 이방 친구 집에 왔다가 가정을 파괴하고 부인인 헬레네를 데려간 파리스를 벌주는 일인 트로이 원정을 사랑한다. 하지만 어린 생명체들을 보호하는 아르테미스는 트로이에서 죽을 어린이들 때문에 트로이 원정을 미워한다. 제우스와도 '상거래'를 하고 아르테미스와도 '상거래'를 하는 아가멤논은 어떻게 하더라도 신의 분노를 살 수밖에 없다. 결국 그는 자신의 딸을 희생 제물로 바쳐서 아르테미스를 달래고 나서 제우스의 명령을 수행하게 되는 것이다.

신들이 서로 싸우는 세계는 인간에게는 비극으로 가득 찬 세계이다. 그런 세계에서 신들은 인간이 어려운 상황에 처했을 때 인간을 인도해 주기는커녕 그 어려운 상황을 한층 더 어렵게 만들 따름이다. 소크라테스는 신들이 인간들에게 좋은 것을 주며, 더 나아가 신들이 주는 것이 아니면 어떤 것도 인간들에게 좋지 않다고까지 이야기한다(15a). 신들이 인간들에게 좋은 것을 준다는 믿음 그 자체가 경건의 전부는 아닐지 몰라도, 적어도 그런 믿음은 경건의 핵심적 부분 중 하나일 것이다. 그리스 신화들에 등장하는 서로 싸우는 신들의 모습 그대로가 나라가 믿는 신들의 모습이라면, 그런 신을 믿는 것은 경건이 아니라 오히려 불경이다. 신들이 어떠한지에 대해 그릇된 믿음을 가진 사람은, 설사 신들을 공경하는 마음을 가지고 있다고 하더라도 역설적으로 바로 그 마음 때문에 불경한 사람이 될 수 있다. 에우튀프론을 비롯해서 당대 그리스의 종교적 전통 속에서 이야기되는 것들을 무비판적으로 수용하는 사람들은, 소크라테스가 보기에는, 경건한 사람들이 아니라 오히려 불경한 사람들이다.

3. 경건이란 무엇인가?

플라톤의 대화편에서 어떤 것이 무엇이지에 대해 소크라테스의 대화 상대자들이 제시하는 대답들은 궁극적으로는 논박이 된다고 하더라도 당대 그리스인들이 그것에 대해 가지고 있는 일반적인 생각들을 보여 주는 것이다. 그리고 그러한 대답들은 그것이 무엇인지에 대해 충분한 대답은 아니더라도 부분적인 대답들은 제공해 주는 것이라고 할 수 있다. 그렇기 때문에 그러한 대답들의 검토 작업은 그것이 무엇인지에 대한 우리의 이해를 어느 정도는 진작시켜 줄 수 있는 것이다. 경건에 대한 에우튀프론의 대답들도 그런 성격을 가지고 있다고 해야 할 것이다.

에우튀프론의 처음 세 대답은 모두 경건이 신들에게 사랑스러운 것이라는 사실을 핵심 내용으로 가지고 있는 것처럼 보인다. 두 번째 대답과 그것의 수정으로서의 세 번째 대답은 명시적으로 경건을 신에게 사랑받음을 통해 규정하고 있다. 첫 번째 대답에서는 이런 요소가 명시적으로 드러나지는 않는다. 부정의한 행동을 하는 사람은 누구든 고소한다는 이야기에는 특별히 신에게 사랑스러움이라는 요소가 없어 보이는 것이다. 하지만 앞에서 지적한 바 있듯이, 에우튀프론은 단순히 부정의한 사람을 고소하는 것이 경건한 것이라고 이야기하지 않고, 살인이나 성물절도와 같이 신에게 불손한 행동을 하는 사람을 고소해야 한다고 이야기한다. 신에게 불손한 행동을 하는 사람을 고소하는 것은 신을 대변해서 복수한다는 계기가 있는 것으로 보이고, 여기에는 다소 간접적이긴 하지만 신에게 사랑스러운 행동을 한다는 요소가 포함되어 있다고 할 수 있을 것으로 보인다.

신에게 사랑스러움이라는 요소는 세 번째 대답이 논박되고 난 후에도 계속 직간접적으로 등장한다. 신을 보살피는 것, 신을 섬기는 것, 기도와 제사에서 신에게 흡족한 것을 말하고 행하는 것 등에 모두 신에게 사랑스러움이라는 요소가 적어도 간접적으로는 포함되어 있는 것으로 보인다. 그리고 논의가 파할 때에도 그들의 논의가 '빙 돌아서 다시 제자리로 왔다'는 소크라테스의 지적(15b)은 결국 그들이 다시 경건을 신에게 사랑스러운 것으로 정의하고 있음을 지적한 것이다. 『에우튀프론』을 읽어 본 사람들에게 가장 기억에 남는 것은 아마도 경건한 것을 신에게 사랑받는 것으로 정의하는 것이 이 대화편에서 논박 당했다는 사실일 것이다. 그런데, 어떤 의미에서는 역설적으로, 『에우튀프론』에 등장하는 경건의 정의 후보 모두에는 신에게 사랑스러움의 요소가 포함되어 있다. 그리고 어쩌면 이러한 사실은 의미심장한 것일지도 모른다.

경건을 신에게 사랑받음으로 규정하려는 시도가 공식적으로 실패하고 나자 에우튀프론은 낙담한다. 그러자 소크라테스는 에우튀프론이 게으름을 부린다고 탓하며, 앞에서 이야기했듯이 에우튀프론이 경건의 정의를 제시하는 것을 돕는 데 적극적으로 나선다. 그는 에우튀프론에게 경건한 것이 정의로운 것의 부분이 아니냐고 묻고, 에우튀프론이 그렇다고 대답하자 소크라테스는 이제 경건한 것이 정의로운 것의 어떤 부분인지를 이야기해 줄 것을 요구한다. 이후의 논의는 바로 에우튀프론이 경건한 것이 정의로운 것의 어떤 부분인지를 찾으려는 시도로 진행된다. 에우튀프론의 시도들을 하나씩 살펴보기로 하자.

에우튀프론은 먼저 정의로운 것 중에 신들에 대한 보살핌(therapeia)과 관련한 부분이 있고 인간들에 대한 보살핌과 관련한 부분이 있는데, 전자가 경건한 것이라고 이야기한다(12e). 소크라테스는 여기에서 에우튀프론이 '보살핌'이라는 말을 어떤 의미로 사용하고 있는지를 묻는다. 가축을 보살핀다고 할 때 '보살핌'의 의미는 가축을 더 좋은 상태로 만들어 주는 것이다. 그런데 만약 신들을 보살핀다고 할 때에도 '보살핌'의 의미가 같은 것이라면, 인간은 신들을 더 좋은 상태로 만들 수 있다는 이야기가 된다. 인간이 신들을 더 좋은 상태로 만들 수 있다는 생각은 인간이 신보다 우월한 존재임을 함축하는 것으로 보이며, 그러한 생각은 그 자체가 불경스러운 것일 것이다. 이 논의에서 드러나는 것은, 경건이 신들과 인간들 사이의 관계에서 성립하는 것이라면 이 관계를 통해서 신들이 더 좋은 상태가 되지는 않는다는 것이다.

에우튀프론은 신들을 보살핀다고 할 때 '보살핌'의 의미는 노예가 주인을 보살피는 것과 같은 의미의 보살핌, 즉 섬김(hypēresia)의 의미라고 대답한다(13d). 다른 말로 하자면, 가축을 보살필 때 사람들은 가축들을 더 좋은 상태로 만들지만, 신들을 보살필 때는 신들을 더 좋은 상태로 만드는 것이 아니라 신들이 하는 일에 도움을 준다는 것이다. 그런데 인간들이 신들이 하는 일에 무슨 도움을 주는 것은 가능한 일일까? 소크라테스는 신들이 인간을 섬기는 자로 삼아서 성취하는 훌륭한 일이 무엇인지를 묻고, 에우튀프론은 그저 신들이 성취하는 훌륭한 일들이 많다는 대답밖에 하지 못한다. 소크라테스는 신들이 성취하는 그 많은 훌륭한 것들을 한마디로 아우를 수 있는 핵심이 무엇인지를 질문하고 에우튀프론은 여기에 대한 적절한 대답을 찾지 못한다. 여기에서 기억할 것은, 신들이 성취하는 훌륭한 것들을 한마디로 통틀어 이야기할 수 있다고 해서, 경건이 무엇인지가 밝혀지는 것은 아니라는 점이다. 경건이 신을 섬기는 것이라면, 한마디로 통틀어 이야기할 수 있는 그러한 신의 성취에 인간이 기여하는 바가 도대체 무엇인지가 밝혀져야 비로소 경건이 무엇인지가 밝혀지는 것이다.

에우튀프론이 신들에 대한 보살핌을 거론할 때부터 경건은 신들과 인간들 사이의 관계로 설정된 것이었다. 에우튀프론의 그 다음 대답은 경건이 신들과 인간들 사이의 관계에서 성립한다는 사실을 보다 분명하게 드러내 준다. 그는 경건한 것이 기도와 제사에서 신들에게 흡족한 것들(kecharimena)을 말하고 행하는 것이라고 이야기한다(14b). 그리고 그렇게 하는 것이 가정과 나라를 구원하는 일이라는 말을 덧붙인다. 에우튀프론의 이 대답은 그리스 종교관의 핵심인 신들과 인간들 사이의 charis 관계를 통해서 경건을 규정하는 것이다. 그리스어 charis라는 말은 기본적으로 상대방에게 기쁨을 주는 호의를 의미한다. 카리스가 제공될 때는 항상 상대방으로부터 또 다른 카리스가 제공될 것이 기대되며, 카리스를 카리스로 다시 갚는 호혜적인 관계가 지속되는 데에는 카리스를 받는 자가 느끼는 감사나 흡족함이 그 바탕에 있다고 할 수 있다. '흡족한 것들'이라고 번역한

kecharismena라는 표현은 양자가 바로 카리스 관계에 들어섰다는 것을 나타내는 말이다.

이후의 논의에서 드러나는 것은 신들과 인간들 사이의 카리스 관계가 어떻게 성립할 수 있는지가 분명하지 않다는 것이다. 소크라테스는 에우튀프론의 대답이 결국 경건이란 신들과 인간들 사이의 상거래 기술이라는 이야기가 된다고 하는데(14e), 이것은 물론 당시 그리스인들의 일반적인 종교적 태도에 대한 비판을 담고 있는 것이다. 『국가』 2권에서 아데이만토스는 부정의한 자도 신들에게 뇌물을 주어서 벌을 피할 수 있다는 전통적인 믿음에 대해 이야기한다(『국가』 364b-366b). 그리스의 전통적인 믿음은 신들을 저속한 상거래의 대상으로 전락시킨다. 하지만 이러한 규정이 단순히 신들에게 선물을 주고 그 대가로 뭔가를 받아내겠다는 속물적인 종교관에 대한 비판에 그치는 것은 아니다. 속물적인 종교관에 따라서 경건을 이해하려는 사람이 있다면, 그냥 그런 것은 진정한 경건이 아니라고 이야기해 주면 그만이다. 문제는 속물적이지 않은 종교관을 가진 사람의 경우에 오히려 카리스 관계의 바탕이 되는 호혜성을 이해하기 어렵다는 것이다. 보살핌에 대한 논의에서 이 카리스 관계를 통해 신들이 더 좋은 상태가 되는 것은 아니라는 것이 밝혀졌다. 섬김에 대한 논의에서 이 카리스 관계를 통해 인간이 신들의 활동에 뭔가 기여하는 바가 있어야 한다는 것이 밝혀졌다. 그런데 신들이 카리스 관계를 통해서 뭔가 이익을 얻는 것이 가능하다면, 상거래 기술 이야기에서 시사되듯이 속물적인 경건관이 귀결될 따름이다. 에우튀프론은 카리스 관계를 통해서 신들이 이익을 얻는다는 것을 부정함으로써(15a), 속물적인 경건관은 받아들이지 않는다. 결국 남은 가능성은 카리스 관계에서 신들이 얻는 것은 기쁨 자체 밖에 없다는 것이다. 하지만 이 경우에 경건은 다시 신들에게 사랑스러운 것으로 규정될 수밖에 없다.

『에우튀프론』은 결국 대답을 찾지 못하고 아포리아로 끝나고 만다. 그런데 사실은 『에우튀프론』에서 경건이 무엇인지에 대한 답이 숨겨진 채로 제시되었다고 생각하는 학자들이 있다. 그들은 경건한 것이 정의로운 것 중에서 신을 섬기는 것과 관련한 부분이라는 것이 저자인 플라톤의 생각이라고 주장한다. 에우튀프론은 신들이 성취하는 완전히 훌륭한 일의 핵심을 이야기하지 못해서 다른 대답으로 넘어갔는데, 그 핵심을 이야기하는 것이 사실은 가능했고, 그것을 이야기했으면 경건이 무엇인지를 밝히는 데 성공할 수 있었다는 것이다. 이 자리에서 이런 주장을 받아들이기 곤란한 이유들을 모두 자세히 논의할 수는 없지만, 일단 지금까지 카리스 관계와 관련해서 이야기된 것들도 그러한 이유 중 일부는 제공해 줄 수 있을 것이다. 이제 한 가지 이유만 더 이야기해 보자.

『에우튀프론』의 아포리아가 위장된 아포리아라고 생각하는 사람들은 경건한 것이 정의로운 것의 부분이라는 이야기는 소크라테스 자신도 받아들이는 것이라고 생각한다. 경건한 것이 정의로운 것의 부분이라는 이야기를 꺼낸 사람이 에우튀프론이 아니라 바로 소크라테스이기 때문이라는 것이다. 하지만 게으름을 부리는 에우튀프론을 돕겠다면서 소크라테스가 이런 이야기를 꺼냈다는 사실을 상기하면, 이 입장은 소크라테스 자신의 입장이 아니라 소크라테스가 생각하는 에우튀프론의 입장일 가능성도 있다. 『국가』 1권에서 정의로운 것은 진실을 말하고 갚을 것을 갚는 것이라는 규정(『국가』 331c)이 케팔로스의 규정이라고 흔히 이야기되지만, 엄밀하게 말하자면, 이것은 케팔로스의 규정이라기보다 케팔로스가 한 이야기로부터 소크라테스가 이끌어 낸 규정이다. 『에우튀프론』에서 경건한 것이 정의로운 것의 부분이라는 이야기가 소크라테스의 입장이라고 흔히 이야기되지만, 이것도 어쩌면 에우튀프론이 한 이야기로부터 소크라테스가 이끌어 낸 입장일지도 모른다.

에우튀프론은 처음부터 정의로운 것에 가장 큰 관심을 가지고 있었다. 그가 아버지를 살인죄로 고소했다는 것에 놀라면서 죽은 사람이 집안사람이었냐고 묻는 소크라테스에게 에우튀프론은 죽은 사람이 집안사람이었는지 여부는 전혀 중요하지 않고 죽인 행위가 정의로운 것이었는지 여부만이 중요하다고 이야기한다(4b). 경건이 무엇인지에 대한 첫 번째 대답에서도 제우스가 가장 정의로운 존재임을 강조하고, 부정의한 행동을 한 사람을 고소하는 것이 경건이라고 주장한다. 그런데 이미 앞에서 몇 번 이야기했듯이, 여기에서 에우튀프론은 살인이나 성물 절도 등의 잘못을 함으로써 부정의한 행동을 한 사람을 고소하는 것이 경건한 것이라고 주장하고 있다. 그리고 그는 살인이나 성물 절도 등의 행위는 불경한 행위라고 생각하고 있다. 만약 에우튀프론이 살인이나 성물 절도 등이 아니라 단순한 도둑질과 같은 일반적인 잘못을 함으로써 부정의한 행동을 한 사람을 고소하는 것은 정의로운 일이기는 하지만 경건한 일인 것은 아니라고 생각한다면, 그는 경건한 것이 정의로운 것의 부분이라고 생각하는 것이다. 소크라테스는 에우튀프론이 앞에서 한 이야기들로부터 그가 경건한 것이 정의로운 것의 부분이라고 생각한다는 것을 충분히 짐작할 수 있었다.

사실 더 중요한 문제는 소크라테스가 에우튀프론이 그런 입장을 암묵적으로 가지고 있었다고 생각했는지 여부보다 소크라테스 자신도 그런 입장을 가졌을지 여부이겠다. 이와 관련해서, 경건한 것은 언제나 정의로운 것이지만 정의로운 것은 항상 경건한 것은 아니라는 입장을 소크라테스가 가졌다고 생각하기는 어려운 이유가 있어 보인다. 앞에서 우리는 소크라테스가 신들 간의 싸움을 인정하지 않는 이유를 논의하면서 그가 원칙들이 상충하는 것으로 보이는 상황을 불편해했으리라는 추정을 했었다.

그런데 정의로운 것이 항상 경건한 것이 아니라면, 정의와 경건이 상충하는 상황이 생길 가능성을 배제할 수 없다. 제우스는 정의로움을 사랑하고 예컨대 우라노스는 경건함을 사랑한다고 해 보자. 경건한 것은 항상 정의로운 것이라면, 우라노스가 사랑하는 것은 항상 제우스도 사랑할 것이다. 하지만 정의로운 것이 항상 경건한 것은 아니라면, 제우스는 사랑하지만 우라노스는 사랑하지 않는 것이 있을 수 있다.

에우튀프론이 처한 상황은 어찌 보면 정의로움과 경건함이 상충하는 것으로 보이는 상황이다. 에우튀프론의 가족들은 아버지를 고소하는 것은 불경한 일이라고 주장한다. 에우튀프론은 아버지가 부정의한 행동을 했다고 주장하며, 부정의한 행동을 한 사람을 고소하는 것은 정의로운 일일 것이다. 제우스가 정의로운 것을 사랑하는 신이고 우라노스가 경건한 것을 사랑하는 신이라면, 이제 에우튀프론이 아버지를 고소하는 일은 제우스에게는 사랑스러운 일이지만 우라노스에게는 미움을 사는 일일 것으로 보인다(8b).

소크라테스가 신들이 서로 싸운다는 것을 믿지 않고, 또 어려운 상황에 처한 인간들에게 신들이 삶의 인도자와 구원자의 역할을 해 줄 수 있다고 믿는다면, 그는 원칙들이 상충하는 것으로 '보이는' 영역에서도 사실은 정답이 있다는 생각을 가지고 있어야 할 것이다. 그리고 그러한 영역에 정답이 있다는 이야기는,

그러한 영역에서도 사실은 원칙들이 진정으로 상충하는 것은 아니라는 이야기가 된다. 에우튀프론은 자신의 아버지가 부정의한 행동을 했다고 믿고 있다. 만약 정말로 그의 아버지가 한 행동이 부정의한 행동이라면, 그가 아버지를 고소해서 아버지와 자기 자신을 부정함(miasma)으로부터 정화시키는 것(4c)이 경건한 일일 것이다. 이 경우에는 아버지를 고소하는 것이 불경스러워 보이기는 하더라도 사실은 불경스러운 일이 아니라는 이야기를 할 수 있다. 만약에 그가 아버지를 고소하는 것이 오히려 부정함(miasma)을 초래하는 불경한 일이 되는 경우라면, 아버지를 고소하지 않는 것이 오히려 정의로운 행동이었을 것이다. 이 경우에는 아버지가 한 행동이 그에게는 부정의해 보이더라도 사실은 부정의한 행동이 아니었을 것이기 때문이다.

경건함과 정의로움이 상충하는 것으로 보이는 상황, 혹은 그 밖의 다른 원칙들이 상충하는 것으로 보이는 상황은 분명 어려운 상황이지만, 그렇다고 해서 그것이 정답이 없는 상황이라고 생각할 이유는 없다. 경건이 신들을 섬기는 것이라는 이야기 이후의 논의를 통해서 플라톤이 염두에 두고 있는 것은 아마도 이런 어려운 상황에서 기도와 제사를 통해 신들의 인도를 구하는 것이 신들에게 흡족한 일이며 그렇게 하는 것이 가정과 나라를 구하는 일(14b)이라는 생각이 아닐까 싶다.

『에우튀프론』은 아포리아로 끝나며, 아마도 우리는 이 대화편이 아포리아로 끝난다는 사실을 심각하게 받아들여야 할 것이다. 하지만 이 대화편이 아포리아로 끝난다고 해서 이 대화편이 아무런 성취 없이 끝나는 것은 아니다. 에우튀프론이 제시한 여러 정의들과 그에 따르는 논의들은 경건의 우시아를 밝히는 데에는 실패했을지 몰라도 경건의 파토스들은 드러내 주는 것들이라고 생각할 수 있다. 경건은 아마도 우리 삶의 인도자이자 구원자인 신들을 섬겨서 우리의 가정과 나라를 구원하는 일의 성취를 돕는 것일 것이다. 또 경건은 그러한 성취를 도와서 우리는 우리에게 좋은 모든 것을 얻고 신은 흡족해하도록 신들에게 올바르게 기도하고 제사 지낼 줄 아는 앎(14d)일 것이다. 그리고 무엇보다도 경건은 신들에게 사랑스러운 것일 것이다.

신들이 우리와의 관계에서 이익을 얻거나 더 좋은 상태가 된다고 생각하지 않는 것도 경건의 파토스는 될 수 있을 것이다. 진정한 신들은 서로 싸우지 않는다고 생각하는 것도 경건의 파토스들 중에 하나일 것이다. 또한, 경건함과 정의로움이 서로 상충하는 가능성만 배제된다면 경건함이 정의로움의 부분이라는 것도 경건의 파토스들 중 하나일 수는 있다. 정의로운 행동을 할 때 그것이 신들에게 사랑스러운 행동이라는 생각을 가지고 그런 행동을 하는 것은 정의로우면서 경건한 행동이고 그런 생각 없이 그런 행동을 하는 것은 그냥 정의로운 행동이라면, 경건한 것은 정의로운 것의 부분이라고 할 수도 있다. (어쩌면 이런 방식의 생각을 발전시키면 적어도 『에우튀프론』에서 제시된 기준들을 만족시키는 경건에 대한 정의를 찾을 수 있을지도 모른다. 하지만 이에 대해 생각해 보는 것은 독자들의 몫일 것이다.) 마지막으로 경건이 무엇인지에 대한 답을 얻지 못하더라도 경건이 무엇인지에 대해 깊이 생각해 보는 것도 경건의 파토스 중 하나일 것이다.

플라톤은 『에우튀프론』을 통해서 독자들이 경건에 대해서 깊이 생각해 볼 것을 촉구한다. 어떤 문제에 대해서 깊이 생각해 본다고 해서 그리고 그 문제에 정답이 있다고 해서 우리가 그 정답을 찾을 수 있다는 보장은 없다. 당연한 이야기이지만, 어려운 문제는 정답을 찾기 어렵기 때문에 어려운 문제이다. 하지만 어려운 문제들에 대해서 깊이 생각하는 것은 우리의 삶을 조금이라도 더 정답에 가까운 삶으로 만들어 주는 것이 아닐까 싶다. 플라톤이 『에우튀프론』과 같은 아포리아적 대화편들을 쓰는 이유는 바로 여기에 있을 것이다.

참고문헌

1. 텍스트 및 주석들

기본 텍스트

Duke, E. A., et al, *Platonis Opera* vol. I (Oxford Classical Text), Oxford University Press, 1995. (OCT, 혹은 OCT 신판이라고 줄여 부름)

텍스트 및 주석들

Adam, J., *Platonis Euthyphro*, Cambridge University Press, 1890.

Burnet, John, *Plato : Euthyphro, Apology of Socrates, and Crito*, Oxford University Press, 1924. (OCT 구판이라고 줄여 부름)

Heidel, William Arthur, *Plato's Euthyphro*, American Book Company, 1902.

그리스어 주석들

Bailey, Jacques A., *Plato's Euthyphro & Clitophon*, Focus Publishing, 2003.

Emlyn-Jones, Chris, *Plato : Euthyphro*, 2nd ed., Bristol Classical Press, 2001.

Grave, C. E., *The Euthyphro and Menexenus of Plato*, MacMillan, 1960.

Hare, John E., *Plato's Euthyphro*, 2nd ed., Bryn Mawr Commentaries, 1985.

2. 번역 및 주석들

박종현 역주, 『플라톤의 네 대화편 : 에우티프론, 소크라테스의 변론, 크리톤, 파이돈』, 서광사, 2003.

Allen, R. E., *Plato's 'Euthyphro' and the Earlier Theory of Forms*, Routledge & Kegan Paul, 1970.

Dorion, Louis-André, *Platon, Lachès/Euthyphron*, Flammarion, 1997.

Fowler, Harold North, *Euthyphro, Apology, Crito, Phaedo, and Phaedrus*, Harvard University Press, 1914.

Gallop, David, Plato : *Defence of Socrates, Euthyphro, and Crito*, Oxford University Press, 1997.

Rowe, Christopher, *The Last Days of Socrates*, Penguin Books, 2010.

Grube, G. M. A., *Euthyphro*, in John M. Cooper (ed.), Plato Complete Works, Hackett, 1997.

Tredennick, Hugh & Harold Tarrant, *The Last Days of Socrates*, Penguin Books, 2003.

3. 기타 문헌들

김상돈, 「에우튀프론의 신명론에 대한 소크라테스의 반론」, 《윤리연구》 74, 2009, pp. 125-162.

김유석, 「다가서는 에우튀프론, 물러서는 소크라테스 : 등장인물들의 대화 태도에서 나타난 『에우튀프론』의 변호론적 성격」, 《철학사상》 50, 2013, pp. 35-71.

송유레, 「플라톤의 『에우튀프론』에 나타난 인간애와 경건」, 《철학논구》 36, 2008, pp. 5-28.

이강대, 「『에우티프론』에 나타난 플라톤의 인식문제」, 《역사와 사회》 9, 1997, pp. 275-295.

이창대, 「『에우티프론』의 소크라테스 논변의 힘과 의의」, 《서양고전학연구》 11, 1997, pp. 83-108.

장지원, 「『에우티프론』의 도덕교육적 의의」, 《교육철학연구》 37, no. 4, 2015, pp. 51-72.

최자영, 『고대 그리스 법제사』, 아카넷, 2007.

Ahbel-Rappe, Sara and Rachana Kamtekar (eds.), A Companion to Socrates, Wiley-Blackwell, 2009.

Anderson, A., "Socratic Reasoning in the Euthyphro", Review of Metaphysics 22, 1969, pp. 461-481.

Beversluis, John, *Cross-Examining Socrates : A Defense of the Interlocutors in Plato's Early Dialogues*, Cambridge University Press, 2000.

Branwood, Leonard, "Stylometry and Chronology", in Richard Kraut (ed.), *Cambridge Companion to Plato*, Cambridge University Press, 1992, pp. 90-121.

Brickhouse, Thomas C. and Nicholas D. Smith, *The Philosophy of Socrates*, Westview, 2000.

Brown, J. H., "The Logic of Euthyphro 10a-11b", *Philosophical Quarterly* 14, 1964, pp. 1-14.

Burnyeat, M. F., "The Impiety of Socrates", *Ancient Philosophy* 17, 1997, pp. 1-12.

Calef, Scott W., "Piety and the Unity of Virtue in *Euthyphro* 11e-14c",

Oxford Studies in Ancient Philosophy 13, 1995, pp. 1-26.

_____, "Further Reflections on Socratic Piety : A Reply to Mark McPherran", *Oxford Studies in Ancient Philosophy* 13, 1995, pp. 37-43.

Cohen, S. M., "Socrates on the Definition of Piety : *Euthyphro* 10a-11b", in G. Vlastos (ed.), *The Philosophy of Socrates*, Notre Dame University Press, 1971, pp. 157-176.

Dimas, Panos, "Euthyphro's Thesis Revisited", *Phronesis* 51, 2006, pp. 1-28.

Dover, K. J., *Greek Popular Morality in the Time of Plato and Aristotle*, Hackett, 1974.

Ebrey, David, "Identity and Explanation in the Euthyphro", *Oxford Studies in Ancient Philosophy* 52, 2017, pp. 77-112.

Evans, Matthew, "Lessons from *Euthyphro* 10a-11b", *Oxford Studies in Ancient Philosophy* 42, 2012, pp. 1-38.

Furley, William D., "The Figure of Euthyphro in Plato's Dialogue", *Phronesis* 30, 1985, pp. 201-208.

Geach, P. T. "Plato's *Euthyphro* : An Analysis and Commentary", *The Monist* 50, 1966, pp. 369-382.

Guthrie, W. K. C., *A History of Greek Philosophy*, vol. 3-4, Cambridge University Press, 1975.

Hall, J. C., "Plato : *Euthyphro* 10a1-11a10", *Philosophical Quarterly* 18, 1968, pp. 1-11.

Harrison, Jane Ellen, *Prolegomena to the Study of Greek Religion*, Princeton University Press, 1903.

Hoerber, R., "Plato's *Euthyphro*", *Phronesis* 3, 1958, pp. 95-107.

Jones, Russell E., "Piety as Virtue in the *Euthyphro* : A Response to Rabbås", *Ancient Philosophy* 26, 2006, pp. 385-390.

Johnston, Sarah Iles, *Ancient Greek Divination*, Wiley-Blackwell, 2008.
Judson, Lindsay and Vassilis Karasmanis (eds.), *Remembering Socrates*, Oxford University Press, 2006.
Kahn, Charles H., *Plato and the Socratic Dialogue : The Philosophical Use of a Literary Form*, Cambridge University Press, 1996.
Kamtekar, Rachana (ed.), *Plato's Euthyphro, Apology, and Crito : Critical Essays*, Rowman & Littlefield, 2005.
Kim, A., "A Chiastic Contradiction at *Euthyphro* 9e1-11b5", *Phronesis* 49, 2004, pp. 219-224.
Kosman, A., "Why the Gods Love What is Holy : *Euthyphro* 10-11", *Proceedings of the Boston Area Colloquium in Ancient Philosophy* 31, 2016, pp. 95-112.
Mansfield, John Magruder, *The Robe of Athena and the Panathenaic Peplos*, PhD. Thesis, University of California, Berkeley, 1985.
McDowell, Douglas M., *The Law in Classical Athens*, Cornell, 1978.
McPherran, Mark L., "Socratic Piety in the *Euthyphro*", *Journal of the History of Philosophy* 23, 1985, pp. 283-309.
_____, "Socratic Piety : in Response to Scott Calef", *Oxford Studies in Ancient Philosophy* 13, 1995, pp. 27-35.
_____, *The Religion of Socrates*, Pennsylvania State University Press, 1996.
_____, "Justice and Pollution in the *Euthyphro*", *Apeiron* 35, 2002, pp. 105-130.
_____, "The Aporetic Interlude and Fifth Elenchus of Plato's *Euthyphro*", *Oxford Studies in Ancient Philosophy* 25, 2003, pp. 1-37.
Mikalson, Jon D., *Athenian Popular Religion*, University of North Carolina Press, 1983.

_____, *Ancient Greek Religion*, Wiley-Blackwell, 2010.

_____, *Greek Popular Religion in Greek Philosophy*, Oxford University Press, 2010.

Morrison, Donald R. (ed.), *The Cambridge Companion to Socrates*, Cambridge University Press, 2011.

Nails, Debra, *The People of Plato : A Prosopography of Plato and Other Socratics*, Hackett, 2002

Panagiotou, Spiro, "Plato's *Euthyphro* and the Attic Code on Homicide", *Hermes* 102, 1974, pp. 419-437.

Rabbås, Øyvind, "Definitions and Paradigms : Laches' First Definition", *Phronesis* 49, 2004.

Reynolds, Noel B., *Interpreting Plato's Euthyphro and Meno*, Brigham Young University Press, 1988.

Rosen, Frederick, "Piety and Justice : Plato's *Euthyphro*", *Philosophy* 43, 1968, pp. 105-116.

Rudebusch, George, "Plato's Aporetic Style", *The Southern Journal of Philosophy* 27, 1989, pp. 539-547.

Smith, Nicholas D. & Paul B. Woodruff, *Reason and Religion in Socratic Philosophy*, Oxford, 2000.

Taylor, A. E., *Plato the Man and His Work*, London, Methuen, 1926.

Taylor, C. C. W., "The End of the *Euthyphro*", *Phronesis* 27, 1982, pp. 109-118.

Todd, S. C., *The Shape of Athenian Law*, Oxford, 1993.

Vlastos, Gregory, *Socrates : Ironist and Moral Philosopher*, Cambridge University Press, 1991.

_____, *Socratic Studies*, ed. by Myles Burnyeat, Cambridge University Press, 1994.

Weiss, Roslyn, "Virtue without Knowledge : Socrates' Conception of

Holiness in Plato's *Euthyphro*", *Ancient Philosophy* 14, 1994, pp. 263-282.

_____, "Euthyphro's Failure", *Journal of the History of Philosophy* 24, 1986, pp. 437-452.

Wolfsdorf, David, "Interpreting Plato's Early Dialogues", *Oxford Studies in Ancient Philosophy* 27, 2004, pp. 15-40.

Young, Charles M., "Plato and Computer Dating", *Oxford Studies in Ancient Philosophy* 12, 1994, pp. 227-250.

Zuckert, Catherine H., *Plato's Philosophers : The Coherence of the Dialogues*, The University of Chicago Press, 2009.

찾아보기

일러두기

1. 명사는 단수, 형용사는 남성 단수 1격, 동사는 능동태 부정형(중간태가 능동태를 대신하는 경우는 중간태 부정형)을 기준으로 한다. 단, 관용적으로 복수로 사용되는 경우나 파생형이 독립적인 중요성을 갖는 경우는 예외로 한다.
2. 동일한 그리스어에 대해 서로 다른 번역어들을 사용한 경우, 대표 번역어를 정해서 표제어로 삼고, 대표 번역어 옆에 그리스어를 표기하였다. 대표 번역어 아래에 '―'표기를 해서 동일한 그리스어의 나머지 번역어들을 표시하였다.
3. 동일한 그리스어의 대표 번역어가 아닌 번역어들은 따로 표제어로 두고, '→'표기를 해서 대표 번역어가 무엇인지만을 밝혔다.

일반용어

우리말-그리스어

가장 좋은 aristos 2d
 ― 최고인 5e
 ― 최고이신 분 ariste 7b, 13e
가정 oikos 14b
같은 성질인 homoios 5d
같은 집에 사는 synestios 4b
개 조련사 kynēgetikos 13a
개 조련술 kynēgetikē 13a, b

걱정이다 → 무서워하다 phobeisthai
게으름을 부리다 tryphan 11e, 12a
겪다 paschein 8d, 10c, 11a, b
 ― 일어나다 4d
경건한 hosios 4e, 5d, 6d, e, 7a, 8a, 9c, d, e, 10a, d, e, 11a, b, e, 12a, d, e, 13c, 14b, c, 15b, c, d, e

169

경건함 hosiotēs 13b, c, d, 14c, d, e
계산 logismos 7b
고발하다 episkeptesthai 9a
고소하다 → 쫓다 diōkein
고소하다 epexerchesthai 4d, 6a
고소하다 epexienai 4b, c, e, 5d, e, 6d, 9a
고소하다 katēgorein 3c
공로자 aitios 3a
공소 graphē 2a, b, 3b, 5a, 6a, 15e
공소를 제기하다 graphesthai 2b, c, 3b, 5b, c, 12e
근간 hestia 3a
기도하다 euchesthai 14b, c
기술 technē 11d, 14e
기술적인 technikos 14e, 15b

나라 polis 2a, 3a, 14b
나랏일 politika, ta 2c
나쁜 kakos 7d, e
남의 allotrios 4b, 11d
내분을 일으키다 stasiazein 7b, e, 8a, d
논쟁을 벌이다 amphisbētein 8a, c, d, e
놀라운 thaumasios 6b
— 놀라우신 분 thaumasie 3b
— 놀라운 (에우튀프론) thaumasie 5a
— 놀라운 사람 thaumaisie 8a, d

대단한 deinos 3c, 11d
— 무서운 6b
대중 polloi, hoi 3b, 4a, 5a, 6b
더 좋은 beltiōn 13b, c
— 더 잘 10a
도전적 제안을 하다 prokaleisthai 5a, b
돌보다 epimeleisthai 2d, 3a
두려움 deos 12b, c
두려워하다 deidein 12b, c, 15d
뛰어난 → 좋은 agathos

말 사육사 hippikos 13a
말 사육술 hippikē 13a, b
말끔히 정화시키다 ekkathairein 3a
명예 timē 15a
명예의 징표 geras 15a
목축술 boēlatikē 13b, c
무게 달아 보다 histanai 7c
무서운 → 대단한 deinos
무서워하다 phobeisthai 4e, 12c
— 걱정이다 3d
무지 amathia 2c
미움을 사는 → 적대적인 echthros
미워하다 misein 7e, 8a, 9b, d, e
믿다 nomizein 3b, 5e

— 믿음을 갖다 5b

밝혀 주다 endeiknynai 9b
  — 보여 주다 15e
범상한 agennēs 2c
법 nomos 5e
~ 보다 유리하다 pleonektein 15a
보살피다 therapeuein 13a, b, c, d
보살핌 therapeia 12e, 13a, b, c, d
보여 주다 → 밝혀 주다 endeiknynai
보통 일 phaulon 2c
본 paradeigma 6e
부끄러움 aidōs 12b, c
부끄러워하다 aideisthai 12b
부등변수인 skalēnos 12d
부정의한 adikos 7d, 8a, d, 9b, c, d
  — 부정의하게 adikōs 8b, c, e, 9a
부정의한 행동을 하다 adikein 3a, 5d, 6a, 8c, d, e, 12e
부정함 miasma 4c
분개하다 aganaktein 4d
불경한 anosios 4d, e, 5d, e, 6e, 7a, 8a, 9c, d, e, 11b, 15d
불경함 anosiotēs 5d

사랑스러운 prosphilēs 6e, 7a, 8b
사랑스러운 philos 8b, 15b, c
  — 사랑스러운 (에우튀프론) phile 10e
  — 친애하는 (에우튀프론) phile 3c, 9a
  — 소중한 분 phile 14a, d
  — 소중한 동료분 phile hetaire 5c
  — 괜찮다면 ei soi philon 11b
사랑하다 philein 7e, 8a, 9d, e, 10a, c, d, e, 11a, b
삯꾼 thēs 15d
상거래 emporia 15a
상거래 기술 emporikē 14e
새로운 짓을 꾀하다 kainotomein 3b, 5a, 16a
선물로 갚아 주다 antidōreisthai 14e
선물을 주다 dōreisthai 14c
섬기기 hypēresia 14d
섬기기 기술 hypēretikē 13d, e
섬기는 자 hypēretēs 13e
성취 apergasia 13d, e, 14a
성취해 내다 apergazesthai 13e, 14a
  — 만들다 13c
소송 → 정의로운 dikaios
시간을 보내다 diatribein 2a
  — 으레 시간을 보내는 곳 diatribē 2a
시기 phthonos 3d
시기하다 phthonein 3c
신령스러운 것 daimonion 3b
신에 대한 공경 eusebeia 13b

찾아보기 | 171

신에 대한 불손 asebeia 5c, 12e
신에게 불손하다 asebein 5e
신에게 불손한 asebēs 5c, 14b
신을 공경하는 eusebēs 5c, 12e
신의 미움을 받는 theomisēs 7a, 8a, 9c
신의 사랑을 받는 theophilēs 7a, 8a, 9c, 10d, e, 11a, 15c
신적인 입장 theion, to 4e
쓸모가 있는 ophelos 4e

아름다운 kalos 7d, e
— 훌륭한 13e, 14a
— 훌륭하게 kalōs 12e
— 잘 kalōs 9e, 14d, 15c
알다 gignōskein 2b, c, 5c
알다 eidenai 2c, 3b, 4e, 5a, c, 6b, c, 7a, 10a, 13e, 15d, e
알다 epistasthai 4e
— ~할 줄 알다 13a, 14b
앎 epistēmē 14c, d
어떤 일을 겪는지 pathos 11a
어떤 존재인지 ousia 11a
역정을 내다 thymousthai 3d
예언가 mantis 3e
완전히 훌륭한 pankalos 13e
— 아주 훌륭하게 pankalōs 7a
왕 통치관 basileus 2a
요청하기 aitēsis 14d

요청하다 aitein 14c, d
원고이다 → 쫓다 diōkein
융단 peplos 6c
의견 차이 diaphora 7b, c, d
의견 차이가 있다 diapheresthai 7b, c, d, e
— 의견 차이를 보이다 8b, e, 11b
— 의견이 다르다 12b
이등변수인 isoskelēs 12d
이익 ōphelia 13b, c, 14e
이익을 얻다 ōpheleisthai 13b, 15a
이익이 되는 ōphelimos 15b
인간애 philanthrōpia 3d
일어나다 → 겪다 paschein

적대심 echthra 6b, 7b
적대적인 echthros 7b, c, d
— 미움을 사는 8b
정의로운 dikaios 5e, 7d, e, 8d, 11e, 12a, d, e
— 정의롭게 dikaiōs 8e
— 소송 dikē 2a, 3e, 4a, c, 5b, 6a
— 정당하게 en dikē 4b
— 처벌 받다 dikēn didonai 8b, c, d, e
— 벌을 받지 않다 dikēn pheugein 8c
정의하다 horizein 9c, d

정화시키다 aphosioun 4c
제사 지내다 thyein 14b, c
제안 hypothesis 11c
제안하다 protithenai 11b
종교문제 해석관 exēgētēs 4c, d, 9a
종교적 문제들 theia, ta 3b, c, 4e, 5a, 6c, 13e, 16a
좋은 agathos 2d, 3a, 7d, e, 13b, 15a
— 뛰어난 6c
— 뛰어나신 분 agathe 10a
주기 dōsis 14d
중상하기 쉬운 eudiabolos 3b
중상하다 diaballein 3b
지혜 sophia 3c, d, 4b, 9b, 11e, 12a, 14d
지혜로운 sophos 2c, 5b, 9a, 11d, 12a, 16a
진지하게 나오다 spoudazesthai 3e
집안 노예 oiketēs 4c
집안사람인 oikeios 4b, d
징계하다 kolazein 5b, 8b
쫓기다 pheugein 3e
— 피고이다 3e, 6a
— (벌을) 받지 않다 8c
쫓다 diōkein 3e, 4a
— 원고이다 3e
— 고소하다 15d

창피해하다 aischynesthai 12b, 15d
처벌받다 → 정의로운 dikaios
최고인 → 가장 좋은 aristos
최고로 뛰어난 (에우튀프론) beltiste 15d
— 이런 대단한 양반 4a
추한 aischros 7d, e
측정하다 metrein 7c

타락시키다 diaphtheirein 2c, 3a, 5b

판정수단 krisis 7c, d
평판 doxa 12c
품꾼 pelatēs 4c
피고이다 → 쫓기다 pheugein
합의를 보다 diakrithēnai 7c
해 blabē 13c
핵심 kephalaion 14a, b
— 대체적으로 8e
형상 idea 5d, 6d, e
형상 eidos 6d
화가 나다 orgizesthai 4c
— 화를 내다 7b, c
화를 내다 chalepainein 6a
훈계하다 nouthetein 5b
훌륭한 → 아름다운 kalos
흡족한 kecharismenon 14b, 15b
흡족함 charis 15a

그리스어 - 우리말

adikein 부정의한 행동을 하다
adikos 부정의한
adikōs 부정의하게
aganaktein 분개하다
agathe 뛰어나신 분
agathos 좋은, 뛰어난
agennēs 범상한
aideisthai 부끄러워하다
aidōs 부끄러움
aischros 추한
aischynesthai 창피해하다
aitein 요청하다
aitēsis 요청하기
aitios 공로자
allotrios 남의
amathia 무지
amphisbētein 논쟁을 벌이다
anosios 불경한
anosiotēs 불경함
antidōreisthai 선물로 갚아 주다
apergasia 성취
apergazesthai 성취해 내다, 만들다
aphosioun 정화시키다
ariste 최고이신 분
aristos 가장 좋은, 최고인
asebeia 신에 대한 불손
asebein 신에게 불손하다
asebēs 신에게 불손한
basileus 왕 통치관
beltiōn 더 좋은, 더 잘
beltiste 최고로 뛰어난, 이런 대단한 양반
blabē 해
boēlatikē 목축술
chalepainein 화를 내다
charis 흡족함
daimonion 신령스러운 것
deidein 두려워하다
deinos 대단한, 무서운
deos 두려움
diaballein 중상하다
diakrithēnai 합의를 보다
diapheresthai 의견 차이가 있다, 의견 차이를 보이다, 의견이 다르다
diaphora 의견 차이
diaphtheirein 타락시키다
diatribein 시간을 보내다
diatribē 으레 시간을 보내는 곳
dikaios 정의로운
dikaiōs 정의롭게
dikē 소송
dikē, en 정당하게
dikēn didonai 처벌받다
dikēn pheugein 벌을 받지 않다
diōkein 쫓다, 원고이다, 고소하다

dōreisthai 선물을 주다
dōsis 주기
doxa 평판
echthra 적대심
echthros 적대적인, 미움을 사는
eidenai 알다
eidos 형상
ekkathairein 말끔히 정화시키다
emporia 상거래
emporikē 상거래 기술
endeiknynai 밝혀 주다, 보여 주다
epexerchesthai 고소하다
epexienai 고소하다
epimeleisthai 돌보다
episkeptesthai 고발하다
epistasthai 알다, ~할 줄 알다
epistēmē 앎
euchesthai 기도하다
eudiabolos 중상하기 쉬운
eusebeia 신에 대한 공경
eusebēs 신을 공경하는
exēgētēs 종교문제 해석관
geras 명예의 징표
gignōskein 알다
graphesthai 공소를 제기하다
graphē 공소
hestia 근간
hippikē 말 사육술
hippikos 말 사육사

histanai 무게 달아 보다
homoios 같은 성질인
horizein 정의하다
hosios 경건한
hosiotēs 경건함
hypēresia 섬기기
hypēretēs 섬기는 자
hypēretikē 섬기기 기술
hypothesis 제안
idea 형상
isoskelēs 이등변수인
kainotomein 새로운 짓을 꾀하다
kakos 나쁜
kalos 아름다운, 훌륭한
kalōs 훌륭하게, 잘
katēgorein 고소하다
kecharismenon 흡족한
kephalaion 핵심, 대체적으로
kolazein 징계하다
krisis 판정수단
kynēgetikē 개 조련술
kynēgetikos 개 조련사
logismos 계산
mantis 예언가
metrein 측정하다
miasma 부정함
misein 미워하다
nomizein 믿다, 믿음을 갖다
nomos 법

nouthetein 훈계하다
oikeios 집안사람인
oiketēs 집안 노예
oikos 가정
ōpheleisthai 이익을 얻다
ōphelia 이익
ōphelimos 이익이 되는
ophelos 쓸모가 있는
orgizesthai 화가 나다, 화를 내다
ousia 어떤 존재인지
pankalos 완전히 훌륭한
pankalōs 아주 훌륭하게
paradeigma 본
paschein 겪다, 일어나다
pathos 어떤 일을 겪는지
pelatēs 품꾼
peplos 융단
phaulon 보통 일
pheugein 쫓기다, 피고이다, (벌을) 받지 않다
philanthrōpia 인간애
phile 사랑스러운, 친애하는, 소중한, 소중한 분
philein 사랑하다
philos 사랑스러운
phobeisthai 무서워하다, 걱정이다
phthonein 시기하다
phthonos 시기
pleonektein ~ 보다 유리하다

polis 나라
politika, ta 나랏일
polloi, hoi 대중
prokaleisthai 도전적 제안을 하다
prosphilēs 사랑스러운
protithenai 제안하다
skalēnos 부등변수인
sophia 지혜
sophos 지혜로운
spoudazesthai 진지하게 나오다
stasiazein 내분을 일으키다
synestios 같은 집에 사는
technē 기술
technikos 기술적인
thaumasie 놀라운, 놀라운 사람, 놀라우신 분
thaumasios 놀라운
theia, ta 종교적 문제들
theion, to 신적인 입장
theomisēs 신의 미움을 받는
theophilēs 신의 사랑을 받는
therapeia 보살핌
therapeuein 보살피다
thēs 삯꾼
thyein 제사 지내다
thymousthai 역정을 내다
timē 명예
tryphan 게으름을 부리다

고유명사

낙소스 Naxos 4c
다이달로스 Daidalos 11c, d, e, 15b
뤼케이온 Lykeion 2a
멜레토스 Melētos 2b, 3a, 5a, c, 12e, 15e
범아테네 대제전 ta megala Panathēnaia 6c
소크라테스 Sōkratēs 2a, b, 3a, b, e, 4a, b, e, 5b, d, e, 6b, c, d, e, 7b, d, 8b, e, 9b, d, 10a, e, 11b, c, 12a, e, 13d, e, 14a, c, d, e, 15a, e
아테네인들 Athēnaioi 2a, 3c
에우튀프론 Euthyphrōn 2a, b, 3c, e, 4a, e, 5a, 6a, c, d, 7a, b, d, e, 8a, b, c, e, 9a, c, d, e, 10b, d, e, 11a, b, 12e, 13b, c, 14b, e, 15a, b, e, 16a
우라노스 신 Ouranos 8b
우정의 신 Philios 6b
제우스 신 Zeus 4b, e, 5b, c, e, 6a, 8b, 12a, 13c, e
크로노스 신 Kronos 8b
탄탈로스 Tantalos 11e
프로테우스 신 Prōteus 15d
피트토스 사람 Pittheus 2b
헤라 여신 Hēra 8b
헤라클레스 Hēraklēs 4a
헤파이스토스 신 Hēphaistos 8b

옮긴이의 말

『에우튀프론』은 스테파누스 쪽수로 15쪽 밖에 되지 않는 짧은 대화편이고, 고전 그리스어 문법을 익히고 나서 처음으로 그리스어 원문을 접할 때 많이 읽는 작품들 중 하나이다. 나도 처음 그리스어 원문으로 읽은 작품이 『에우튀프론』이었던 것으로 기억한다. 그래서 정암학당 플라톤 전집의 기획에서 내가 『에우튀프론』을 번역하기로 정해졌을 때, 이 대화편을 제대로 공부해본 적이 없었음에도 불구하고 큰 부담감을 느끼지는 않았다. 초역을 만들 때까지도 작업은 순조롭게 진행되었다. 『에우튀프론』에 대해서는 다양한 수준의 그리스어 주석도 유난히 많이 있어서 초역 작업을 할 때 많은 도움을 받았다.

하지만 번역어를 확정하고 적절한 주석을 붙이기 위한 작업에 착수하고서는 공부의 부족함 때문에 더 이상 작업을 진척시키기가 어려웠다. 아테네 법률이나 종교와 관련해서 간단한 주석을 붙이기 위해 찾아본 참고문헌들에서는 종종 대답을 얻기보다 궁금한 점을 더 많이 발견하곤 했다. 『에우튀프론』이 다루는 철학적 문제들과 관련해서도, 처음에는 간단하게 생각했던 문제가 사실은 훨씬 더 복잡한 문제라는 것을 깨닫기도 하고, 어렵고 복잡한 문제라고 생각하고 한동안 씨름했던 문제가 사실은 가짜 문제였다는 것을 깨닫기도 했다. 그러는 와중에 몇 가지 문제와 관련해서는 초역을 만들 때 가졌던 견해와 전혀 다른 견해를 가지기도 했다.

이런 종류의 문제들에 대해서는 논문 형태의 글을 통해서 보다 자세한 논의를 하는 것이 적절할 것 같다. 사실 2017년에 이제이북스에서 번역본을 낼 당시에 한두 편 정도의 논문을 계획해보기도 했지만, 아카넷으로 출판사로 옮기는 2021년 현 시점에서도 『에우튀프론』 관련 논문을 내지는 못했다. 타고난 게으름을 극복하고 머지않아 좀 더 자세한 이야기를 할 수 있기를 희망한다.

논문으로 쓰고자 했던 생각의 일부는 「작품 안내」에 담겨 있다. 그 덕분에 대화편의 길이에 비해 「작품 안내」의 분량이 다소 많아졌다. 독자 여러분의 양해를 구한다. 길이야 그렇다 쳐도 내용이 너무 어려워진 것은 아닌가 하는 우려도 있다. 내가 가진 생각을 일반 독자가 이해하기 쉽게 전달하는 능력이 내게 턱없이 부족하다는 것을 예전부터 잘 알고는 있지만, 이것 역시 잘 극복되지 않는다. 평생 풀어가야 할 숙제가 아닐까 싶다.

지난번 옮긴이의 글에서는 학당 선생님들과 가족들에게 감사의 말씀 등을 적었지만, 이번에는 새롭게 작업을 한 것이 아니라 출판사만 옮기는 것이어서 다시 적기가 쑥스럽다. 생략해도 이해해주실 것으로 믿는다. 출판사를 옮기는 과정에서 새롭게 판형을 만들고 오탈자를 바로 잡아주신 아카넷 관계자 분들과 김일수 부장님에게 감사드린다.

사단법인 정암학당을 후원해 주시는 분들

정암학당의 연구와 역주서 발간 사업은 연구자들의 노력과 시민들의 귀한 뜻이 모여 이루어집니다. 학당의 모든 연구는 시민들의 자발적인 후원을 바탕으로 하기 때문입니다. 그 결실을 담은 '정암고전총서'는 연구자와 시민의 연대가 만들어 내는 고전 번역 운동의 산물이라고 할 수 있습니다. 이 같은 학술 운동의 역사적 의미를 기리고자 이 사업에 참여한 후원회원 한 분 한 분의 정성을 이 책에 기록합니다.

평생후원회원

Alexandros Kwanghae Park 강대진 강상진 강선자 강성훈 강순전 강승민
강창보 강철웅 고재희 공기석 권세혁 권연경 권장용 기종석 길명근
김경랑 김경현 김귀녀 김기영 김남두 김대오 김미성 김미옥 김상기
김상수 김상욱 김상현 김석언 김석준 김선희(58) 김성환 김숙자 김영균
김영순 김영일 김영찬 김옥경 김운찬 김유순 김 율 김은자 김은희
김인곤 김재홍 김정락 김정란 김정례 김정명 김정신 김주일 김지윤(양희)
김진성 김진식 김출곤 김태환 김 헌 김현래 김현주 김혜경 김혜자
김효미 류한형 문성민 문수영 문종철 박계형 박금순 박금옥 박명준
박병복 박복득 박상태 박선미 박세호 박승찬 박윤재 박정수 박정하
박종민 박종철 박진우 박창국 박태일 박현우 반채환 배인숙 백도형
백영경 변우희 서광복 서 명 서지민 설현석 성 염 성중모 손병석
손성석 손윤락 손효주 송경순 송대현 송성근 송순아 송유레 송정화
신성우 심재경 안성희 안 욱 안재원 안정옥 양문흠 양호영 엄윤경
여재훈 염수균 오서영 오지은 오흥식 유익재 유재민 유태권 유 혁
윤나다 윤신중 윤정혜 윤지숙 은규호 이광영 이기백 이기석 이기연
이기용 이두희 이명호 이무희 이미란 이민숙 이민정 이상구 이상원
이상익 이상인 이상희(69) 이상희(82) 이석호 이순이 이순정 이승재 이시연
이영원 이영호(48) 이영환 이옥심 이용구 이용술 이용재 이용철 이원제
이원혁 이유인 이은미 이임순 이재경 이정선(71) 이정선(75) 이정숙 이정식
이정호 이종환(71) 이종환(75) 이주형 이지민 이지수 이 진 이창우 이창연
이창원 이충원 이춘매 이태수 이태호 이필렬 이향섭 이향자 이황희
이현숙 이현임 임대윤 임보경 임성진 임연정 임창오 임환균 장경란
장동익 장미성 장영식 전국경 전병환 전현상 전호근 정선빈 정세환
정순희 정연교 정 일 정정진 정제문 정준영(63) 정준영(64) 정해남 정흥교
정희영 조광제 조대호 조병훈 조익순 지도영 차경숙 차기태 차미영
채수환 최 미 최세용 최수영 최병철 최영임 최영환 최은규 최원배
최윤정(77) 최은영 최인규 최지호 최 화 표경태 풍광섭 하선규 하성권
한경자 한명희 허남진 허선순 허성도 허영현 허용우 허정환 허지현
홍섬의 홍순정 홍 훈 황규빈 황유리 황예림 황희철
가지런e류 교정치과   나와우리〈책방이음〉   도미니코 수도회   도바세
방송대문교소담터스터디   방송대영문과07 학번미아팀   법률사무소 큰숲

부북스출판사(신현부)　　　생각과느낌 정신건강의학과　　　이제이북스　　　카페 벨라온

개인 257, 단체 11, 총 268

후원위원

강성식	강용란	강진숙	강태형	고명선	곽삼근	곽성순	구미희	권영우
길양란	김경원	김나윤	김대권	김명희	김미란	김미선	김미향	김백현
김병연	김복희	김상봉	김성민	김성윤	김순희(1)	김승우	김양희	김애란
김연우	김영란	김용배	김윤선	김정현	김지수(62)	김진숙(72)	김현제	김형준
김형희	김희대	맹국재	문영희	박미라	박수영	박우진	박현주	백선옥
사공엽	서도식	성민주	손창인	손혜민	송민호	송봉근	송상호	송찬섭
신미경	신성은	신영옥	신재순	심명은	안희돈	양은경	오현주	오현주(62)
우현정	원해자	유미소	유형수	유효경	이경선	이경진	이명옥	이봉규
이봉철	이선순	이선희	이수민	이수은	이승목	이승준	이신자	이은수
이재환	이정민	이주완	이지희	이진희	이평순	이한주	임경미	임우식
장세백	장영재	전일순	정삼아	정은숙	정태흡	정현석	조동제	조명화
조문숙	조민아	조백현	조범규	조성덕	조정희	조준호	조진희	조태현
주은영	천병희	최광호	최세실리아		최승렬	최승아	최이담	최정옥
최효임	한대규	허 민	홍순혁	홍은규	홍정수	황정숙	황훈성	

정암학당1년후원

문교경기〈처음처럼〉	문교수원3학년학생회	문교안양학생회
문교경기8대학생회	문교경기총동문회	문교대전충남학생회
문교베스트스터디	문교부산지역7기동문회	문교부산지역학우일동(2018)
문교안양학습관	문교인천동문회	문교인천지역학생회
방송대동아리〈아노도스〉	방송대동아리〈예사모〉	방송대동아리〈프로네시스〉
사가독서회		

개인 125, 단체 16, 총 141

후원회원

강경훈	강경희	강규태	강보슬	강상훈	강선옥	강성만	강성심	강신은
강유선	강은미	강은정	강임향	강주완	강창조	강 항	강희석	고경효
고복미	고숙자	고승재	고창수	고효순	공경희	곽범환	곽수미	구본호
구익희	권 강	권동명	권미영	권성철	권순복	권순자	권오성	권오영
권용석	권원만	권정화	권해명	권혁민	김건아	김경미	김경원	김경화
김광석	김광성	김광택	김광호	김귀종	김길화	김나경(69)	김나경(71)	김남구
김대겸	김대영	김대훈	김동근	김동찬	김두훈	김 들	김래영	김명주(1)
김명주(2)	김명하	김명화	김명희(63)	김문성	김미경(61)	김미경(63)	김미숙	김미정
김미형	김민경	김민웅	김민주	김범석	김병수	김병옥	김보라미	김봉습
김비단결	김선규	김선민	김선희(66)	김성곤	김성기	김성은(1)	김성은(2)	김세은
김세원	김세진	김수진	김수환	김순금	김순옥	김순호	김순희(2)	김시인

김시형	김신태	김신판	김승원	김아영	김양식	김영선	김영숙(1)	김영숙(2)
김영애	김영준	김영효	김옥주	김용술	김용한	김용희	김유석	김은미
김은심	김은정	김은주	김은파	김인식	김인애	김인옥	김인자	김일학
김장생	김정식	김정현	김정현(96)	김정화	김정훈	김정희	김종태	김종호
김종희	김주미	김중우	김지수(2)	김지애	김지열	김지유	김지은	김진숙(71)
김진태	김철한	김태식	김태욱	김태훈	김태헌	김태희	김평화	김하윤
김한기	김현규	김현숙(61)	김현숙(72)	김현우	김현정	김현정(2)	김현중	김현철
김형규	김형전	김혜숙(53)	김혜숙(60)	김혜원	김혜정	김홍명	김홍일	김희경
김희성	김희정	김희준	나의열	나춘화	나혜연	남수빈	남영우	남원일
남지연	남진애	노마리아	노미경	노선이	노성숙	노채은	노혜경	도종관
도진경	도진해	류다현	류동춘	류미희	류시운	류연옥	류점용	류종덕
류지아	류진선	모영진	문경남	문상흠	문순혁	문영식	문정숙	문종선
문준혁	문찬혁	문행자	민 영	민용기	민중근	민해정	박경남	박경수
박경숙	박경애	박귀자	박규철	박다연	박대길	박동심	박명화	박문영
박문형	박미경	박미숙(67)	박미숙(71)	박미자	박미정	박믿음	박배민	박보경
박상선	박상윤	박상준	박선대	박선희	박성기	박소운	박수양	박순주
박순희	박승억	박연숙	박영찬	박영호	박옥선	박원대	박원자	박윤하
박재준	박정서	박정오	박정주	박정은	박정희	박종례	박주현	박주형
박준용	박준하	박지영(58)	박지영(73)	박지희(74)	박지희(98)	박진만	박진현	박진희
박찬수	박찬은	박춘례	박태안	박한종	박해윤	박헌민	박현숙	박현자
박현정	박현철	박형전	박혜숙	박홍기	박희열	반덕진	배기완	배수영
배영지	배제성	배효선	백기자	백선영	백수영	백승찬	백애숙	백현우
변은섭	봉성용	서강민	서경식	서근영	서동주	서두원	서민정	서범준
서봄이	서승일	서영식	서옥희	서용심	서월순	서정원	서지희	서창립
서회자	서희승	석현주	설진철	성윤수	성지영	소도영	소병문	소선자
손금성	손금화	손동철	손민석	손상현	손정수	손지아	손태현	손혜정
송금숙	송기섭	송명화	송미희	송복순	송석현	송연화	송염만	송요중
송원욱	송원희	송유철	송인애	송진우	송태욱	송효정	신경원	신기동
신명우	신민주	신성호	신영미	신용균	신정애	신지영	신혜경	심경옥
심복섭	심은미	심은애	심정숙	심준보	심희정	안건형	안경화	안미희
안숙현	안영숙	안정숙	안정순	안진구	안진숙	안화숙	안혜정	안희경
안희돈	양경엽	양미선	양병만	양선경	양세규	양예진	양지연	양현서
엄순영	오명순	오승연	오신명	오영수	오영순	오유석	오은영	오진세
오창진	오혁진	옥명희	온정민	왕현주	우남권	우 람	우병권	우은주
우지호	원만희	유두신	유미애	유성경	유승현	유정원	유 철	유향숙
유희선	윤경숙	윤경자	윤선애	윤수홍	윤여훈	윤영미	윤영선	윤영이
윤 옥	윤은경	윤재은	윤정만	윤혜영	윤혜진	이건호	이경남(1)	이경남(72)
이경미	이경아	이경옥	이경원	이경자	이경희	이관옥	이광로	이광석
이군무	이궁훈	이권주	이나영	이다영	이덕제	이동래	이동조	이동춘
이명란	이명순	이미옥	이민희	이병태	이복희	이상규	이상래	이상봉

이상선	이상훈	이선민	이선이	이성은	이성준	이성호	이성훈	이성희
이세준	이소영	이소정	이수경	이수련	이숙희	이순옥	이승훈	이시현
이아람	이양미	이연희	이영민	이영숙	이영신	이영실	이영애	이영애(2)
이영철	이영호(43)	이옥경	이용숙	이용안	이용웅	이용찬	이용태	이원용
이윤주	이윤철	이은규	이은심	이은정	이은주	이이숙	이인순	이재현
이정빈	이정석	이정선(68)	이정애	이정임	이종남	이종민	이종복	이준호
이중근	이지석	이지현	이진아	이진우	이창용	이철주	이춘성	이태곤
이태목	이평식	이표순	이한솔	이현주(1)	이현주(2)	이현호	이혜영	이혜원
이호석	이호섭	이화선	이희숙	이희정	임미정	임석희	임솔내	임정환
임창근	임현찬	장모범	장선희	장시은	장영애	장오현	장재희	장지나
장지원(65)	장지원(78)	장지은	장철형	장태순	장해숙	장흥순	전경민	전다록
전미래	전병덕	전석빈	전영석	전우성	전우진	전종호	전진호	정경회
정계란	정금숙	정금연	정금이	정금자	정난진	정미경	정미숙	정미자
정상묵	정상준	정선빈	정세영	정아연	정양민	정양욱	정 연	정연화
정영목	정옥진	정용백	정우정	정유미	정은정	정일순	정재웅	정정녀
정지숙	정진화	정창화	정하갑	정은교	정해경	정현주	정현진	정호영
정환수	조권수	조길자	조덕근	조미선	조미숙	조병진	조성일	조성혁
조수연	조슬기	조영래	조영수	조영신	조영연	조영호	조예빈	조용수
조용준	조윤정	조은진	조정란	조정미	조정옥	조증윤	조창호	조황호
주봉희	주연옥	주은빈	지정훈	진동성	차문송	차상민	차혜진	채장열
천동환	천명옥	최경식	최명자	최미경	최보근	최석묵	최선희	최성준
최수현	최숙현	최연우	최영란	최영순	최영식	최영아	최원옥	최유숙
최유진	최윤정(66)	최은경	최일우	최자련	최재식	최재원	최재혁	최정욱
최정호	최정환	최종희	최준원	최지연	최진욱	최혁규	최현숙	최혜정
하승연	하혜용	한미영	한생곤	한선미	한연숙	한옥희	한윤주	한호경
함귀선	허미정	허성준	허 양	허 웅	허인자	허정우	홍경란	홍기표
홍병식	홍성경	홍성규	홍성은	홍영환	홍은영	홍의중	홍지흔	황경민
황광현	황미영	황미옥	황선영	황신해	황은주	황재규	황정희	황주영
황현숙	황혜성	황희수	kai1100	익명				

리테라 주식회사   문교강원동문회   문교강원학생회
문교경기〈문사모〉   문교경기동문〈문사모〉   문교서울총동문회
문교원주학생회   문교잠실송파스터디   문교인천졸업생
문교전국총동문회   문교졸업생   문교8대전국총학생회
문교11대서울학생회   문교K2스터디   서울대학교 철학과 학생회
(주)아트앤스터디   영일통운(주)   장승포중앙서점(김강후)
책바람

개인 716, 단체 19, 총 735

2023년 6월 1일 현재, 1,098분과 46개의 단체(총 1,144)가 정암학당을 후원해 주고 계십니다.

옮긴이

강성훈

서울대학교 철학과에서 학사와 석사 학위를 받고 프린스턴 대학교 철학과에서 박사 학위를 받았다. 인제대학교 인간환경미래연구원 연구교수를 역임했고, 현재 서울대학교 철학과에 재직 중이며 정암학당 연구원으로 활동하고 있다. 플라톤의 『프로타고라스』를 번역하였고, 「플라톤의 『국가』에서 선분 비유와 동굴 비유」, 「고대 그리스어 einai에 해당하는 한국어는?」, 「아리스토텔레스는 존재사와 계사를 구분하였는가?」, 「플라톤과 예시논증」, 「플라톤의 『국가』에서 정의와 강제」, 「『파이돈』에서 대중적인 시가와 뮈토스」 등의 논문을 출간하였으며, 『고대 그리스철학의 감정이해』(공저)에서 「스토아 감정이론에서 감정의 극복」, 『마음과 철학』(공저)에서 「플라톤: 영혼의 세 부분」 등을 저술하였다.

정암고전총서는 정암학당과 아카넷이 공동으로 펼치는 고전 번역 사업입니다. 고전의 지혜를 공유하여 현재를 비판하고 미래를 내다보는 안목을 키우는 문화적 기반을 마련하고자 합니다.

정암고전총서 플라톤 전집

에우튀프론

1판 1쇄 펴냄 2021년 5월 21일
1판 3쇄 펴냄 2023년 11월 30일

지은이 플라톤
옮긴이 강성훈
펴낸이 김정호

책임편집 김일수
디자인 이대응

펴낸곳 아카넷
출판등록 2000년 1월 24일(제406-2000-000012호)
주소 10881 경기도 파주시 회동길 445-3 2층
전화 031-955-9510(편집) · 031-955-9514(주문)
팩스 031-955-9519
www.acanet.co.kr

ⓒ 강성훈, 2021

Printed in Paju, Korea.

ISBN 978-89-5733-734-9 94160
ISBN 978-89-5733-634-2 (세트)